근대성과
자아의식

대우휴먼사이언스 010

근대성과 자아의식

전환기 사회와 철학

차인석 지음

아카넷

머리말

―――――

　나는 6·25동란 때 대학에서 철학 공부를 정식으로 시작했다. 강의는 반도 동남단의 항구도시 부산의 변두리 어느 산언덕에 자리 잡은 천막교실에서 이루어졌다. 그 당시 유럽의 젊은 세대들이 심취해 있던 실존주의의 이론적 근원을 찾아가는 강의였다.

　실존은 무엇보다 지금 이곳에 있는 나를 중시했고, 실존주의는 내가 옳다고 여기는 생각을 행동으로 옮기는 것을 강조했다. 20대 초반의 젊은 나에게 깊이 와 닿은 이 실존주의의 강령은 내 철학 여정의 첫걸음이었다. 그후 나는 대학원에 진학하여 이 철학 사상의 지적 원천이 되는 일상의 생활 세계와 이에 의미를 부여하는 우리의 인식 관계를 다루는 후설의 현상학을 전공하기에 이르렀다.

1960년대의 대학원 시절은 1959년 말에 나온 '이데올로기의 종언'이 무색해질 만큼 젊은 세대의 반체제 운동으로 인하여 구미 사회가 엄청난 갈등의 소용돌이에 빠진 시기였다. 반전, 인권 신장, 사회정의 등의 기치를 내건 학생 집단은 가치중립성을 내세운 기존의 학문관을 거부하고 인간성 회복을 위한 사회변혁을 지향하는 '행동하는 학문'을 외쳤으며, 인간의 주체성을 강조하는 실존주의와 현상학에 인문사회과학 방법론으로서 지대한 관심을 쏟았다.

　　고백하건대, 나는 거의 반세기가 지난 지금에 와서도 1960년대의 학문관에서 크게 벗어나지 못하고 있다. 최근에 2000년 이래 10년 동안 해외 학술지에 발표됐던 영문 논문들을 엮은 저서의 프랑스어 판이 파리에서 출판됐는데, 이 책의 서문을 쓴 편집인은 내 글들의 철학적 배경을 정확히 간파하고 있었다.

　　"필자"는 수십 년에 걸쳐 사회철학을 연구하고 가르치면서 "어느 사회를 막론하고 근대성의 단계를 거쳐야만 성숙한 사회로 발전해나갈 수 있다"는 명제를 견지해왔다. 그리고 "근대성은 사회 성원 다수가 사고와 행동의 책임 있는 주체라는 자아의식을 가질 때 비로소 시작된다." 이 편집인 파트리스 베르메랑Patrice Vermeren 파리 대학 교수는 내 저서를 "근대성을 위한 철학적 투쟁"이라고 특징짓기도 한다.

이 책에 실린 여섯 편의 글은 이러한 내 학문의 철학적 배경을 설명하는 데 빠져서는 안 되는 글이라 할 것이다. 이들이 모두 세기의 전환을 눈앞에 두고 새로운 백년을 바라보면서 작성한 것이니 '전환기의 성찰과 전망'이라고 일컬어도 좋겠다.

글을 발표하고 적지 않은 시간이 흘렀지만 사회의 모든 영역에서 대립과 갈등은 여전히 끊이지 않고 있다. 산업화를 통해 생활수준은 향상하고 과학기술의 현저한 진보로 생산력은 고도의 합리성에 이르렀지만 사회의 의식구조는 이에 상응하지 못하는 모순 관계에 한국 사회가 머물러 있다는 반증일 것이다. 이것이 또한 내가 오래된 학문관에서 벗어날 수 없는 이유가 되는지 모르겠다.

끝으로 이 책의 출판을 적극 권유해준 서울대학교 백종현 명예교수와 이의 발간을 쾌히 맡아준 아카넷에 심심한 감사를 드린다.

2016년 6월
차인석

차례

근대성을 향한
철학

1 철학과 사회

철학하는 사유는 다른 사유 행위처럼 어디까지나 주어진 사회 안에서 일어난다. 바로 이 때문에 철학은 사회철학이라고도 한다. 주어진 사회는 그 나름대로 변하며, 대부분은 여러 단계를 거치며 그 구조도 달리해간다. 이러한 과정을 사회변동이라고도 한다. 따라서 철학은 사회의 변화에 맞춰 그 대상을 바꾸며 이에 따라 사유 양식을 달리한다.

철학은 사회 안에서 인간의 삶에 대하여 근원적인 물음을 제기하면서 그가 놓인 세계와 관계맺으며, 그리고 자신과 같은 이웃 인간과 관계를 지워주는 데서 사상의 형태로 나타난다. 그러나 이 사상은 사회 안에서 일상적 삶을 영위하는 개인의 사유가 결정된 것이며, 그것이 남들에게 공감을 불러일으키기에 충분할 뿐만 아니라 인간과 세계 그리고 인간과 사회의 관계를 가장 적절하게 밝혀주는 사념으로 여겨질 때, 사람들의 세계관과 사회관 그리고 인생관을 형성하는 데 큰 의의를 갖게 된다.

서양철학사 2,000여 년간에 등장한 철학가들이 서구 문명의 발달에 끼친 영향만 보아도 위대한 철학 사상이 인류의 삶에 대해서 지니는 중요성이 얼마나 크다는 사실이 명백해질 것이다. 그러나 철학이 주어진 사회에서 널리 받아들여지기 위해서는 그 주어진 시대에서 야기되는 문제들에 적절히 응답하는 사상을 제시할 수 있어야 하며, 그리고 이 사상이 그 사회의 발전 방향을 이끌고 나가는 집단에 의해서 담지되어야만 한다. 17세기 존 로크의 경험론과 민주주의론은 당대 부르주아를 담지 집단으로 했던 것이며, 헤겔의 관념론과 역사철학은 19세기 전반의 독일 지식인층에 지대한 호소력을 가질 수 있었다.

그러나 호소력만으로 한 사상이 사회적 영향력을 발휘할 수 있는 것은 아니며 사회 세력의 뒷받침을 얻지 못하면 하나의 이념으로만 남게 될 뿐이다. 이념은 실질적인 힘을 통해서만 사회 안에서 그 실현을 볼 수 있다. 사상이라는 관념적 요소와 사회 세력이라는 실질적 요소가 결합될 때 비로소 철학은 한 주어진 시대의 주어진 사회에서 그 효력을 나타낼 수 있는 것이다.

근래에 와서 철학이 한국 사회에서 지니는 의의에 대한 물음이 자주 제기되고 있다. 비록 이것은 새삼스러운 일은 아니지만 그 빈도와 밀도가 예년과는 다르다고 여겨진다. 지난 20세기가 외래 철학의 수용 단계였다면 이제는 우리 나름대로 이 사회와 이 시대가 요구하는 철학의 사유가 무엇인지 진지하게 자문한 다고 볼 수 있다. 이러한 물음은 늦은 감이 없지 않다. 더구나 서 구 일각에서는 철학의 필요에 대한 냉소적 의문이 일고 있는 마 당에 우리의 철학을 찾는 것이 때늦은 것이 아닌가 하는 생각마 저 든다. 그렇지만 시대가 바뀌어도 세계 안에서 인간의 위치와 삶의 의미에 대한 우리의 자문은 철학의 모습을 띨 수밖에 없기 때문에 우리에게 알맞은 사유의 형태를 찾는 작업은 지속되어야 할 것이다.

그렇다면 이 시대 그리고 이 사회에서 철학은 어떤 요청에 부 응해야 할 것인가? 물론 이와 같은 문제 제기의 타당성을 받아 들이지 않는 철학자들도 많을 것이다. 철학은 그 고유의 법칙이 있으며 시공의 차이를 넘어서 초연한 이론 행위로만 남는다고 믿는 집단도 있기 마련이다. 문헌학에 전념하는 학자들로 이루 어진 이 집단은 마치 철학을 훈고학으로 일삼으면서 고전 해독 이 진정한 학문의 길이라고 믿는다. 실제로 우리 철학계의 주류 는 이 집단이기도 하다. 그리고 여기에 속하는 학자들의 영향은 대학 교육에서 철학 교과 과정의 형식과 내용을 규정할 만큼 막

강하며, 이들의 철학관이 지금까지 한국철학의 전개 방향을 규정해왔던 것도 사실이다. 이들은 그 나름대로 세력집단이기도 하다.

2 근세철학의 흐름

　우리의 철학함이 아직도 문헌학과 훈고학의 수준을 넘지 못하고 있는 이유를 철학 교육에서 주제별 연구와 철학사가 구분되어 있지 않은 데서도 찾을 수 있을 것이다. 서두에서 지적한 바와 같이, 철학사 위주의 연구로 업을 삼고 있는 학자들의 잘못된 학문관이 엄청난 과오를 지금까지 범하도록 내버려두었던 것이다. 이 그릇된 철학관은 식민지 대학 교육의 유산이며 전제정치에 길들여진 학자들은 전통 지키기를 미덕으로 삼는 것을 당연히 여겼다. 또 그 제자들은 스승의 본을 받는 것을 올바른 자세로 믿고 있었기에 한국철학은 시대와는 괴리된 문헌학으로 전락하고 말았다.

　철학함은 여느 사유처럼 인간과 주위 세계를 매개하는 행위이다. 우리를 둘러싼 세계는 자연과 사회이며, 철학은 인간과 그의 세계의 관계를 근원에서 밝히려 한다. 로크J. Locke의 경험론과 데카르트R. Descartes의 합리론은 인식론의 테두리에서도 그 의의를 찾을 수 있겠지만, 무엇보다 인간의 본질을 밝혀줌으로써 그가 세계 안에서 점유할 수 있는 위치가 무엇인가를 우리에게 보여준 사상이며 또한 자연을 관리하고 사회적 삶을 영위하는 데 인간이 무엇을 할 수 있는가를 정의해주는 지침이기도 하다.

이 두 철학가를 근세철학의 시조라고 일컫는다. 이들은 17세기 영국과 대륙의 시대적 상황 변화가 중세와 다른 사유 양식을 요구하는 동시에 과학의 발달로 세계 인식의 관점이 달라짐에 따라, 인간이 자연과 사회를 다스릴 수 있는 방법을 새롭게 고안하기에 이르렀던 것이다. 이들의 근세철학은 근대성을 규정하는 역사적 전환기에 관념의 형태로 대응했다. 그들은 교회의 전제로부터 벗어나 자신들의 삶을 영위해야 한다고 자각하는 새로운 시민 계층의 의식을 대변했다. 이들은 인간에게는 스스로 살아갈 수 있는 능력이 있다고 믿었는데 그것이 바로 이성이다.

이성은 주술이 팽배하던 미몽의 중세 세계로부터 인간을 해방시킨 힘이었으며 그것은 근세철학의 핵심 개념이기도 했다. 경험론과 합리론은 제각기 이 개념을 중심으로 펼쳐졌으며 칸트I. Kant의 선험론에 이르러 이 양대 사조가 통합되었다. 그러나 그 이후 독일에서는 인간을 정신 개념으로 설명하려는 관념론이 등장하고, 유물론이 18세기 말에 일어난 산업혁명과 시민혁명에 따라 야기되는 여러 개념들_{자유, 평등, 인간 존엄성 등}을 정립해가면서 철학의 조류는 이 두 사상의 양립으로 이어져나갔다.

칸트는 봉건 경제에서 자본주의 경제체제로 이행하는 그의 사회가 안고 있는 과도기 문제를 시민의 이성적 판단에 따라 자율적으로 대처해나가는 길을 모색했다. 독일 관념론의 창시자로 알려진 피히테_{J. Fichte}는 자신의 사상이 시종 프랑스 시민혁명에서 주창된 자유 개념의 해명에 지나지 않는다고 했다. 그에 따르면 인간의 자유는 물질 개념으로 설명될 수 있는 것이 아니라 정신으로서 인간 자아의 주체적 성격으로 이해될 수 있다고 보았다. 그는 산업화에 수반하는 물질지상주의와 쾌락주의를 배격하면서 감성에 좌우되지 않는 자유를 정의했다. 그는 18세기 프랑스를 풍미했던 계몽주의 유물론으로 인간의 자유가 규정될 수 없다고 보았던 것이다.

산업화와 도시화는 필연코 사회구조의 분화를 가져오며 이에 따라 사람들의 개체화가 뒤따른다. 이 과정에서 형성되는 이기적 생활 태도가 자본주의 시장경제의 추진력이 되기도 했지만 욕구와 욕구 간의 끊임없는 갈등을 빚어내고 이는 마침내 사회 분열로 치닫기 마련이었다. 칸트, 피히테, 헤겔_{G. W. F. Hegel}은 부르주아 사회의 이와 같은 상황에 대응해서 정신성의 인간 개념을 유아론唯我論적으로 설명하지 않고 그 사회성을 강조함으로써 시민 문화의 철학적 근거를 제공하고자 했다. 즉 이들은 개체화로 시작하는 근대사회에서 인간의 자아의식 확립과 그 사회성을 강조함으로써 교회의 전제와 왕권의 횡포로부터 개인들을 이성의 힘으로 해방시키는 데 요청되는 이론적 정당성의 근거를 확립하려 했던 것이다. 이들의 철학은 근대화를 겪는 독일 사회의 지배적인 사상으로 군림할 수 있었다. 그러나 자연과학의 발달로 인하여 정신 개념을 설명하려 했던 관념론의 인간본성론은 그 한계를 드러냈으며 이것만으로는 자본주의 사회의 병리를 치유할 수 있다고 기대되는 것은 아니었다. 피히테와 헤겔은 도전을 면할 수 없었으며, 새로운 과학 이론에 입각한 유물사상이 대안으로 나올 수밖에 없었다.

시대의 변화에 따라 기존 사상이 그 효력을 잃게 되면, 그 정통성을 대신할 새로운 형식과 내용이 마련되어야 한다. 그렇다고 헤겔에 뒤이어 나온 마르크스K. Marx의 역사 인식이 새로운 문제를 해결할 수 있었던 것은 아니었다. 그러나 젊은 개혁 세력을 규합할 수 있는 충분한 호소력을 지닌 마르크스의 사상은 실존주의, 분석철학과 함께 20세기의 3대 주류 사상을 이루기도 했고, 한편으로는 동유럽 사회의 지배적 이데올로기 구실도 했다.

그러나 이 사상마저도 새로운 시대의 요구에 부응할 수 없이 하나의 고전으로 남을 수밖에 없었다. 그렇지만 마르크스 철학은 그 담지 집단의 정치력에 의해 오랫동안 그 타당성을 향유할 수 있었던 것도 사실이다.

조선조 건국의 정치 이데올로기로서 신新유가 사상이 주도적 역할을 했던 것은 엄연한 역사적 사실이다. 그리고 그것이 조선조에서 오늘의 한국 사회에 이르기까지 사람들의 생각과 감정 그리고 일상적 행위의 방향을 결정하는 기준이 되어왔으며 또 되고 있다는 사실도 부인할 수 없을 것이다. 오늘날 우리에게 전통 사상과 문화라고 한다면 이 신유가 사상이 남긴 것이 전부일 정도로 그 영향의 범위는 막대했다.

그런데 이 신유가 사상에 도전했던 일군의 유학자들이 실학이라는 이름으로 시대의 변화에 대응하려 했던 것은 극히 흥미로운 일이다. 이 실학자들은 지배 사상인 성리학을 현실에 응답할 수 없는 공리공담으로 간주했으며 이는 권위주의적 학문 풍토에서는 대단한 이변이 아닐 수 없었을 것이다. 이들은 학문의 현실 적합성을 주장했다. 그들은 인간과 자연, 인간과 사회의 관계를 새롭게 정립하려 했으며, 자연에 순응하기보다는 자연을 인간의 노동으로 전유해야 한다는 17세기 영국 부르주아 층의 노동관을 제시하기도 했고, 하늘에 의지하지 않고 인간 스스로가 자신의 운명을 개척한다는 근대성의 정신을 표방하기도 했다. 그러나 이들의 실학사상은 정치적, 사회적 세력의 지지 없이 사상운동으로 남을 수밖에 없었다.

실학자들은 일을 천시하는 성리학을 조선 사회에서 발전의 장애물로 여겼다. 그들은 성性이니 이理니 하는 논의가 인간 본성을 올바로 설명할 수 없으며, 이만이 아니라 기氣로서 인간 본성을 인정해야 한다고 주장함으로써 근대 인간주의 사상을 보여주기도 했다. 이들의 노동관은 노동가치설과도 닮았다. 부富는 대지에서 나오지만 오로지 인간의 노동에 의해서만 얻어진다는 실학의 노동가치설은 로크의 노동 개념에 못지않은 의미를 지닌다. 17세기 영국 부르주아 층은 노동을 소유권의 정당성 근거로 삼았으며, 로크는 그것에 이론적 근거를 제공했던 것이다. 만인이 함께 누리도록 주어진 자연에 신체의 일부인 노동을 가했던 행위는 그 수고만큼 그 행위자에 속한다. 이러한 로크의 주장은 근대 자본주의의 이론적 근간이 되었으며, 소유에 의한 개인의 자주와 독립을 외치는 신흥계급 이데올로기의 핵심이 되기도 했다.

3 근대성의 확립과 철학

지난 세기의 60년대부터 공업화에 의한 근대화가 시작된 이래 생산력의 합리화로 경제적 사회 기반은 어느 정도 선진 산업 사회의 구조적 특징을 갖추는 것처럼 보이지만 정치, 법, 교육 및 여타 문화의 영역에서는 공업화 이전의 단계에서 크게 벗어나지 못하고 있는 여건이 지금 한국 사회의 발전 단계이다. 이와 같은 상황 속에서 서구의 현대철학 개념들을 그대로 가져와 우리의 철학을 이루어가기는 어려울 것이다.

고도로 발달한 공업사회에서 자연과학에 의한 인간의 위축을 위기로 간주한 후설E. Husserl은 의식 작용을 인과관계와는 무관하게 그 구조에서 분석함으로써 선험적 주체성의 본유 영역을 구분짓는 현상학을 창시했지만, 아직도 농경문화가 팽배해 있는 우리의 여건을 고려할 때 이 학문의 범주들을 통해서 철학하기란 별 의미가 없을 것이다. 주체성의 자각이 전제되어야 현상학은 우리 사회에서 철학적 사유의 한 방향으로 의미를 지니게 된다. 그리고 인간의 노동을 통해서 자연을 관리하고 더 유익하게 자연을 다스리기 위해서는 경험적, 분석적 방법이 가장 유효한 절차라는 믿음이 바닥에 깔려 있는 조건에서만이 명제를 분석하고 진술의 타당성을 경험적으로 검증하는 분석철학의 작업이 우리에게 바람직하게 될 것이다.

그런데 무속신앙에서 삶의 도움을 찾는 사람들에게, 그리고 주술의 힘에 의지하고 있는 사람들에게, 자연과 인간의 관계가 아직도 『도덕경』의 가르침에 젖어 있는 이 사회의 발전 단계에서, 언어분석이니 진술의 경험적 검증은 현실과는 괴리된 교실에서의 한갓 놀이에 지나지 않을 것이다.

지금 철학이 이 사회에서 할 수 있는 일은 사유의 놀이가 아니라 역사적 현실의 직시이며, 철학은 사회 발전의 방향을 정하는 데 다소나마 보탬이 될 수 있어야 한다. 그 과업은 다름 아니라 우리 사회의 근대성 확립에 있다. 메이지유신 때 일본은 19세기 후반의 신新헤겔주의자들의 국가철학을 도입하면서 헤겔의 법철학이 대학에서 단연 압도적으로 교과목에 채택되었다. 그렇지만 그것은 정치권력에 의한 한 특정 철학 사상의 오용이라고 단정할 수 있는 경우이다. 그러나 일본이 독일의 근대화에 이바지한 헤겔의 철학 사상에 관심을 두었다는 사실에 우리는 주목해야 할 것이다.

한국 사회는 그 발전 단계에서 근대성으로 이행에 따른 과도기적 소용돌이가 너무나 크다. 공업화와 도시화로 인하여 사회구조는 분화해가면서도 사람들의 개체화 과정에는 문제가 적지 않다. 엄밀히 따지면 개인과 사회의 관계는 국가와 시민사회가 구분되는 발전 단계에서는 문제가 되지만, 우리 사회에서는 자생적 쟁점이 될 수 없을 것이다. 그러나 개체화가 서서히 일어나고 있는 오늘에 와서 개인과 사회 간의 관계를 어떻게 정립하는가는 우리 모두가 깊이 사려해야 할 문제이며, 특히 개체화에서 자아의식이 어떤 방향으로 형성되어야 하느냐에 대한 관심은 철학자들의 몫이 될 것이다. 서양 근세철학에서 자아 정립을 둘러싼 논의의 중심이 되었던 것도 이미 언급한 신흥계급의 주체성 자각의 철학적 이론화인 것과 같이 우리의 경우에서도 철학자들은 근대성의 이론화에 노력을 경주해야 함은 당연하다.

공업화로 고도의 경제성장을 달성한 한국은 과학과 기술의 진보를 어느 정도 수준에 올려놓는 데는 성공적이었으며, 생산력의 근대화에는 상당한 진전을 이루어놓았다. 그러나 정치와 법의 운영 그리고 여타 의식의 차원에서는 전통성에서 벗어나지

근대성을 향한 철학

못한 채 오히려 역근대화의 방향으로 돌아가고 있는 셈이다. 우리 사회는 근대화와 역근대화의 모순에 놓였다고 볼 수 있을 것이다. 그리고 이 딜레마의 해소를 위해 철학이 기여할 수 있는 계기가 놓일 수도 있을 것이다.

생산수단의 합리화는 도구적 이성의 향상을 가리키는 반면에, 정치와 법의 비합리적 운영은 현대사회가 요구하는 기준에 미달하는 실천적 이성의 미숙을 의미한다. 이 미숙은 곧 근대성을 특징짓는 자아의식의 미숙이 될 것이다. 자아의식은 개인이 남에게 양도할 수 없는, 자신의 삶을 영위할 수 있는 자유의 권리에 대한 자각이다. 조선조 500년, 일제 36년 그리고 건국 이래 기나긴 독재체제 아래에서 신민의 존재를 벗어날 수 없었던 한국인들에게 이 자아의식을 갖게 하는 일이 근대성의 첫 단계가 될 것이다. 이 사회를 신민 문화에서 시민 문화로 바꾸는 일에 철학의 과업이 우선되어야 한다고 본다.

한편으로 이 과업의 수행을 위해서는 철학자들 자신이 자아의식의 소유자가 되어야 할 것이다. 그들의 주체성 자각이 선행되지 않고서는 대중의 의식 변화를 이끌어갈 수 없으며, 사회 변화의 촉매 역할을 할 수 없을 것이다. 그리고 개인들의 자아의식이 성숙한 시민 문화의 형성 없이는 어떤 사회 발전도 기대할 수 없을 것이다. 근대성의 단계를 거치지 못했던 소비에트 사회가 시민 문화의 성숙 없이 제정 러시아에서 사회주의로 이행하면서 차르주의에서 스탈린주의로 이어져나갈 수밖에 없었던 역사적 사실은 우리에게 시사하는 바가 크다. 1980년대 사회변혁을 꾀했던 우리의 젊은이들이 한국 사회 역시 소비에트 사회의 이행 과정을 답습할 것이라는 것에 눈이 어두워 결국은 혁명의 타오르는 열정의 희생자가 되어버린 것도 하나의 역사적 사실이다. 마르크스주의도 1980년대 이래 한국 사회에서는 적합성을 지니지 못한 다른 서양철학 사상들과 다름없는 것이었다.

이리하여 우리는 오늘날 할 수 있는 것이 무엇이어야 하는가를 다시 물어야 한다. 전통에서 벗어나는 사회가 서구의 발전 단계를 반드시 밟아야 한다는 주장은 아니더라도, 공업화로 경제성장을 달성하고 한국 경제가 세계경제로 편입되어가고 있는한, 도구적 합리성과 미숙한 실천적 합리성 간의 격차는 오래 지속될 수 없다는 것은 분명하다. 이 사회의 구성원인 개개인 모두가 자유롭고 평등한 삶을 영위하기 위해서도 이 격차는 극복되어야 한다. 군사정권이 물러나고 민간 정부가 들어섰지만, 민주정치보다는 아직도 권위주의 통치가 전횡하고 있는 것도 이 사회가 그 모순 관계에서 벗어나지 못했기 때문이다. 자주적이고 능동적인 개인들이 정치과정에 참여하는 시민사회의 건설이 사회 발전의 필수 조건이 되게끔 철학도 시민 문화 조성에 참여해

근대성을 향한 철학

야 할 것이다.

도구적 합리성과 실천적 합리성은 밖으로부터 주어지는 것이 아니며, 이 사회 안에서 그 구성원들의 자력으로 성장하는 것이다. 신체와 의식을 지닌 우리가 자연 안에서 이웃들과 함께 살면서 기르는 능력인 것이다. 농경 시대에서는 이 능력이 생활 여건에 맞추어 발휘됐다면 고도 산업사회와 시장경제 체제에서는 그에 걸맞은 수준으로 성장했다. 도구적 이성은 과학과 기술을 발달시킴으로써 보다 체계적인 자연 관리를 가능케 했으며, 여기에 부응해야 할 실천적 이성도 농경문화의 수준에 머무를 수 있는 것은 결코 아니다. 실천적 이성은 개인들로 하여금 도구적 이성이 허용했던 물질적 부를 바탕으로 보다 많은 자유와 보다 넓은 평등을 사람들에게 누릴 수 있도록 성장해야 한다는 것이다. 도구적 이성과 실천적 이성의 발달은 서구 사회에 국한된 것은 아니며, 이것은 인류 역사가 나아가는 길이기도 하다. 이 발전 과정이 한국 사회에서 현실이 될 수 있도록 철학이 여러 길을 강구해야 하는 것이다.

과학기술의 발달로 생산력의 합리적 관리가 증대함에도 우리 사회는 여느 다른 아시아 사회에서처럼 무속문화가 일상생활에 뿌리내린 채 사라질 조짐을 보이지 않는다. 더욱이 포스트모더니즘을 내세우는 일부 학자들은 문화다원주의라는 미명 아래 무속신앙을 조장하고 있는 판국이다. 고도 공업사회에서는 탈근대화 움직임이 1960년대부터 일기는 했지만 그것은 시민 문화의 반석을 흔들지 않는 범위에서 대중사회의 비인간화를 자연으로의 귀의로 극복하자는 자연주의 운동이었기 때문에, 우리처럼 아직 근대성에 이르지도 못한 사회 발전 단계에서 탈근대화 논의는 무책임한 지적 놀이임에 틀림없을 것이다. 철학자들은 이러한 유혹으로부터 스스로를 경계할 수 있어야 하며, 우리의 현실을 올바로 통찰할 수 있어야 한다.

한국 사회에서 무속문화는 생산력의 합리화에도 불구하고 사라지지 않고 오히려 그 도를 더해가는 경향이 보인다. 그 원인이 아마도 자본주의의 소비문화와 기복제화新福除禍의 쾌락주의적 무속문화 간에 어떤 친화력이 작용하는 데 있다고 설명할 수 있을 것이다. 상품 숭배의 현대 자본주의 사회에서는 오관에 주어지지 않는 것들은 인식 대상이 될 수 없으며, 따라서 일고의 가치도 없게 된다. 모든 것이 현세적이며, 초월적 존재나 이념의 세계는 사유의 대상이 될 수 없다는 것이다. 상대성을 넘은 절대적 윤리 규범은 상상될 수도 없다. 오로지 쾌와 불쾌가 도덕 기준이 될 뿐이다. 이처럼 자본주의 소비문화는 세속적 행복만을 추구하는 무속신앙과 상통하면서 외래의 상품 숭배와 토속의 물신 숭배가 오늘날 우리 사회의 문화적 특징이 되어버린 셈이다.

앞에서도 강조한 바와 같이, 철학이 이 사회를 위해서 할 수 있는 일은 무엇보다도 사회 구성원들의 자아의식 확립에 있다. 자본주의의 소비문화와 전통 사회의 무속문화는 다 같이 자아 부재로 인해 쾌락을 지향하는 특성을 지니며 우리 사회는 자아 없이 방향을 상실한 상태에 있다. 이로 인해 규범의 제재 없는 혼란이 지속할 따름이다.

4 사이버 시대의 철학

과학기술의 부단한 진보는 고도 공업사회를 정보기술사회로 이행시킴으로써 재래의 생산양식에 일대 변화를 일으키고 있다. 우리 사회는 공업화 단계를 몇십 년 겪은 끝에 전 지구적 경제체제에 편입되면서 짧은 기간의 산업시대에서 정보화시대로 진입하기에 이르렀다. 우리 사회는 시민 문화가 성숙되기도 전에 정보기술에 의한 전면 관리 체제로 이행하고 있는 셈이다. 일상생활의 주요 부분은 개인들 간의 직접적인 거래가 아니라 가상공간cyber space 안에서 영위되고 가상현실virtual reality이 실제 생활의 환경을 이루는 방향으로 주위 세계가 바뀌어가고 있다. 그리고 우리의 일상생활이 이루어지는 이 가상공간은 '빅 브라더'가 수시로 감시하고 있다는 사실도 여기서 지적되어야 할 것이다. 산업혁명 이래 물질적 풍요를 바탕으로 개인들의 자유가 신장되고, 모든 사람들이 평등하게 자아실현의 권리를 보장받는 문명사회를 향해 인류의 역사가 전진한다는 기대는 점차로 사라지고 있다는 것이다.

21세기에는 가상공간 안에서 모든 상거래가 활발해진다고 한다. 거래는 개인과 개인 간의 상호 행위이다. 지금까지는 당사자들이 정면으로 마주 보면서 협상하고 계약을 체결하는 경우가 대부분일지라도 머지않아 화상을 통해서 또는 컴퓨터 스크린에서 모든 상거래가 이루어지며, 당사자들은 평생 상대와의 직접 대면 없이 상호 행위를 하는 지경에까지 이르게 될 것이다. 이미 사이버 대학의 개설로 강의실의 필요는 옛말이 되었고, 교수와 학생들 간의 대면은 시간 낭비로 여겨질 뿐만 아니라 비용 낭비로 여기는 전문가들의 목소리가 위세를 부리는 판이다.

미래의 중간층으로서 사회 운영의 중심세력이 될 오늘의 젊은 네티즌은 사이버 공동체의 규칙과 규범에 따라 사고방식과 행동양식을 내면화해가고 있으며, 이들이 가상공간 안에서 펼쳐지는 가상현실이 그들이 아는 실재 세계로 간주되어가는 마당에, 과학기술의 발달이 인간에게 궁극적으로 무엇을 의미하는가를 철학자들은 새삼 물어야 할 것이다.

인간의 실천적 삶은 노동과 이웃들과의 상호 행위가 그 주가 된다. 농경시대에서 공업시대에 이르기까지 지속된 기계에 의한 생산의 자동화에도 불구하고 노동이 인간에게는 주요한 생산 활동이었으며 그리고 생산과 소비가 경제 활동의 근간이 되어왔다. 그런데 정보기술의 발달로 노동이 필수적이던 일자리가 점차로 줄어들고 있으며, 생산 활동으로서의 노동은 정보 수집으로 대체되어가고 있는 셈이다. 밤낮으로 가상공간 안에서 일과를 보내는 젊은 네티즌에게는 신체를 가지고 자연을 변형시켜 그 변형된 곳에 자아를 반영하는 데서 얻게 되는 자아실현의 희열이란 별 의미가 없을 것이다. 그들에게는 예술가의 창조 행위가 곧 그의 자아실현이라는 것이 이해되기 어려울 것이다.

사이버 시대에는 새로운 인간학의 정립이 필요하다. 행동, 활동 또는 노동으로 인간 본질을 정의해온 기존의 철학적 인간학에 머무르기보다는 새로운 시대에 부응해서 개인의 자아를 확립할 수 있는 길이 인간 본질의 새로운 규명을 통해서 모색되어야 한다. 지금까지는 자연 관리를 위해 인간은 노동하고, 보다 효율적인 관리를 위해 개인들 간의 협력이 요구되었으며, 그리하여 개인적 노동은 사회적 노동이 되어왔다. 사회적 노동은 개인과 개인 간의 갈등 없는 상호 이해를 전제로 한다. 상호 이해를 가로막는 장애물은 많다. 민주주의는 이러한 난관을 지양하려는 제도이기도 하며, 생활 태도이기도 하다. 출신, 계층, 소유, 성 등

근대성을 향한 철학

에서의 차이가 개인들 간의 상호 이해를 어렵게 하지만, 민주주의는 평등의 이념으로 이를 해소할 수 있는 가장 이상적인 장치로 여겨져왔다. 그렇지만 지금은 이것이 다시금 그 정통성을 인정받기 위해서도 새로운 인간학이 요구된다. 그리고 이 인간학은 기술과 인간 간의 관계를 새롭게 조명할 수 있는 기술철학의 필요성을 우리에게 일깨워준다. 날로 증대해가는 사이버 세계의 영향권 안으로 휘말려 들어가고 있는 이 사회에 대한 기술 지배의 형태를 분명히 해주는 이론 작업이 있어야 한다는 것이다.

20세기의 후반부터 공업화를 통해 근대성으로 옮겨가려던 이 사회가 21세기에 들어와 사이버 시대의 도래를 본격적으로 맞게 되었다. 물론 사이버 시대라고 해서 사회 전체가 인터넷으로 덮인다는 것은 아니다. 문제는 사회 내의 주요한 계층과 집단 들이 사이버 파워의 영향 아래 있으며, 전문직 종사자, 사무원, 대학인 그리고 언론인과 같은 사회의 중추 집단이 시민 문화의 형성 이전에 사이버 문화로 옮겨가면서 사회 발전의 문제는 더욱 어렵게 되어간다는 것이다.

여기서 철학자들은 로크와 데카르트, 칸트와 피히테 그리고 헤겔 등이 그들 사회의 근대성 확립을 위해 이론을 전개했던 것과 같이 우리의 근대성을 위해 철학적 사유를 이끌어나가야 한다. 이렇게 함으로써 우리의 철학이 비로소 성립되는 것이다.

탈전통 사회의
문화적 모순

1

노동과 문화

땅을 일구고 씨를 뿌려 곡식을 거두며, 바위를 깎아 강둑을 쌓고, 나무를 베어다 기둥을 세워 집을 짓는 것은 사람이 주어진 자연을 바꾸어놓는 일이다. 이것은 예부터 사람들이 모여 사는 곳에서 있었던 가장 기본적인 일이기도 하며, 기술이 고도로 발달되어 있는 오늘에 와서도 이 삶의 기본 형태에는 달라진 것이 없다.

사람은 자연을 있는 그대로 두고서는 살아남을 수 없었기에, 밭을 갈고 지붕을 올려 생명을 지탱하고 몸을 보호할 수단을 스스로 마련한다. 자기 보존을 위해 자연을 변형하는 그 일이 곧 문화를 만드는 것이 되며, 자연 아닌 사람이 만드는 것은 모두 문화가 된다. 일을 노동이라고 하면, 사람은 살기 위해 자연을 장場으로 해서 노동한다. 이렇게 해서 마르크스가 가리키는 '노동하는 인간homo laborans'과 베버의 '문화인Kulturmensch'은 근본적으로 같은 의미가 된다.

사람들이 모여 사는 사회마다 그 나름의 생활양식이 있기 때문에 고유의 문화를 갖는다고 한다. 그리고 이 사실이 매우 중요하다고 한다. 왜냐하면 한 공동체의 문화는 그 안에서 삶을 영위해왔고 또 영위해나가는 집단의 사고, 정서, 행동의 소산이기도 하며, 또한 그 틀이 되기 때문이다. 그리고 사회의 역사가 오래될수록 그 문화도 오랜 전통을 통해 사람들 사이에 깊이 뿌리 내리는 생활양식이 되어간다.

사람들은 모여서 노동하며 산다. 그리고 하루의 일이 끝나면 여가를 즐긴다. 그들은 때로는 홀로, 때로는 무리를 지어 놀이를 즐긴다. 북을 치고, 현을 켜며, 피리를 불고, 노래도 부르고, 장단에 맞추어 춤도 춘다. 노동만이 생활양식이 아니라 여가를 즐기는 것도 삶의 주요한 과정이다. 이 여가는 하루 종일 부지런히 일한 육신의 고단함을 풀어주기도 하지만 자신의 삶을 되돌아보게도 한다. 그것은 자기반성의 계기이다. 이 계기는 인간과 자연, 인간과 사회 그리고 인간과 자신의 관계를 반성하는 계기이다.

사람은 자신과 그를 둘러싼 세계와의 관계를 생각한다. 지난날의 관계와 지금의 그것 그리고 내일의 관계를 생각한다는 것이다. 그가 생각하는 세계는 그와 다른 사람들이 함께 사는 세계이다. 그들의 일상적 삶이 이루어지는 세계이다. 그것은 사회적 세계이고 또한 문화의 세계이다. 그들의 선대들도 살았던 세계이고 또 이들이 그들에게 물려준 유산이기도 하며, 다시금 그들이 후대에게 물려줄 세계이다. 그들이 물려줄 이 세계는 그들이 선대로부터 이어받을 때보다는 더 풍요로운 세계이고, 그들의 후손들은 이것을 더욱더 살지게 할 것이다.

한 사회의 문화가 그 성원들의 사유와 정서 그리고 행동의 틀이 된다고 하면, 이 문화의 성격은 그 사회구조의 특성과 성원들의 의식이 무엇이라는 것을 가르쳐준다. 사람들이 노동하며, 자기를 반성하고, 서로 어울려 살면서 문화의 내용을 충실케 하는 것이 삶, 그 자체이다. 태초에 삶은 노동이었으며, 노동은 문화의 기반이었다. 노동 없이 삶은 이어질 수 없었으며, 노동 없이 문화는 일어나지 않았다. 노동은 의식을 지닌 인간의 '함'이다. 함은 자연을 바꾸어놓는 행위이다. 밭을 갈고 나무를 베는 것만이 자연 변형의 행위가 아니라, 소리들의 결합으로 노래를 짓고 창을 부르는 것도 자연 변형의 '함'이다. 사람들은 본래 가지고 태어난 몸을 그대로 간직하지 않고 유전인자에 자신들의 활동을 가해서 자연에 주어지지 않는 것들을 만들어냈던 것이다. 이것들이 곧 문화의 일부이며, 인간이 창조적이라는 것을 가리킨다.

탈전통 사회의 문화적 모순

태초에 사람들은 노동으로 문화를 만들었다. 그리고 세월이 흐르고 시대가 바뀌면서 그들이 모여 사는 사회의 형태도 달라졌다. 그리고 사회가 달라지듯이 문화도 변했다. 전통에서 근대로의 이행은 사회구조의 변형과 함께 문화의 성격을 바꾸어놓는다. 낯선 지식과 실천이 지금까지의 생활양식에 스며들어와, 이것을 전도시키거나 새로운 내용을 넣어 기존의 것과 융합함으로써 사람들로 하여금 변화하는 환경에 적응케 한다.

2　무속신앙과 시장경제

그러나 전통에서 근대로의 탈바꿈은 언제나 소용돌이를 수반한다. 개인들의 관계에서 지켜져야 할 행동 규범과 자신들 감정의 상징적 표현 그리고 주위 세계에 대한 지식에서 옛것과 새것 간의 갈등이 있게 마련이다. 오랫동안 불교와 유교 그리고 도교 등의 세 가지 종교가 한국 문화의 주요 요소로서 공존해왔으나, 이제는 근대성의 가치들의 도전을 받고 있으며 신구 간의 융화의 가능성은 쉽사리 전망될 수 없는 상황이다.

재래의 주도적 상징과 근대성이라는 전혀 이질적인 상징 간의 모순은 쉽사리 극복될 수 있는 것은 아니다. 근대성은 합리성으로 표출된다. 그리고 합리성은 과학과 기술에서 그 보편성 원리를 구현한다. 과학과 기술은 생산력으로써 인간의 자연 관리를

탈전통 사회의 문화적 모순

증진시킴으로써 그의 자기 보존의 가능성을 확대해주었다. 다른 한편으로, 합리성의 보편성 원리는 사람과 사람 간의 관계를 새롭게 정립해주었다. 모든 인간은 자유롭고 평등하다는 명제가 정립된 것이다.

그러나 이 근대성은 한국 사회의 전통적 가치 체계의 완강한 저항에 부딪친다. 이 사회는, 이를테면 문화적 모순에 빠진 셈이다. 경제 발전의 국가정책이 요구하는 과학과 기술의 진보는 생산력의 합리화를 진전시켰지만, 전통적 권위주의 정치 문화는 모든 개인들의 자유와 권리를 평등하게 인정해주지 못하는 비합리성에 머물고 말았던 것이다. 생산력의 근대화와 정치의 역근대화라는 모순이 한국 사회의 문화를 특징짓게 된 셈이다. 1960년대 초에서 1980년대 말에 이르기까지의 고도 생산성을 위한 통치 목표가 효율성으로 그 정당성 확립을 시도함으로써, 합리성 원리가 경영과 행정에 도입되고, 사회의 전면은 아닐지라도 상당한 부분이 권력의 통제 아래 놓이게 되었으며, 따라서 문화의 영역이 갖는 자율성의 폭이 위축될 수밖에 없었다.

이 결과는 절망적이다. 눈부신 경제성장에도 불구하고 시민사회에서 기대될 수 있는 자아의식은 성숙되지 않았고, 오히려 쾌락주의에 젖은 이기심이 경제행위의 동기가 되어버린 것이다. 이 쾌락 추구의 자기중심주의는 다름이 아니라 수천 년 묵은 기복제화祈福除禍의 무속신앙으로 더욱더 증가되는 것이었다. 그래서 한국의 자본주의 경제는 프로테스탄트 윤리가 아니라 무속신앙이 이념적 동인이 되어 움직여왔다. 이 기복제화 의식은 모든 종교에 스며들어 있다. 일반적으로 기독교와 불교 그리고 유교 등은 이 무속신앙을 바탕으로 토착화되어 있다는 것이다. 성스러운 것에 대한 귀의라기보다는 물신 숭배가 신앙의 양식이 되어버렸다. 이는 현대 자본주의의 소비 지향성과 강력한 친화성을 갖게 되었으며, 이 나라를 상품 사회로 만드는 데 그다지 어려움이 없었다.

교육은 더 이상 인간의 자기 도야가 아니라 더욱 나은 물질적 가치의 획득을 위한 수단으로 바뀌고, 부귀가 인간의 자아를 대신하기에 이르렀다. 문학 전집과 미술품은 삶의 과정에서 사람들이 겪게 되는 실존적 상황에 대한 상징적 표현이지만, 물신 숭배 시대에서 그것들은 호화 내실의 벽 장식품으로 전락하거나 광고판으로 둔갑해버렸다. 원시 무속신앙의 물신 숭배는 현대의 상품 숭배와 일치하는 것이며, 이 무속신앙은 한국 경제의 성장을 지탱해주는 정신적 요인이 되어온 것이다.

한국 사회에서 생산양식의 합리성과 권위주의 정치의 비합리성 간의 모순에도 불구하고, 전통적 무속신앙의 기복제화 의식이 고전경제학에서 가르치는 것처럼 경제행위의 동기가 된다는

43

'탐욕'의 기능을 하게 된다. 그러나 그 기능도 한계를 드러내기 마련이었다. 자본주의 시장경제의 지속은 개인들의 창의력과 자발성을 필요로 하는데, 단순한 물욕이나 소유욕으로 고도의 생산성이 유지될 수는 없다. 무속신앙이 저변에 깔려 있는 문화는 궁극적으로 경제구조가 요구하는 합리성의 원리에 배치되기 마련이다. 무속은 인간의 노동 없이도 재물의 획득이 가능하다고 여기며, 잡신의 '은총'으로 복이 찾아오고 재앙이 사라진다는 비합리적 사고는 고도의 생산성을 도모하기 위해 동원되는 지적, 물적 자원을 조직하는 합리성의 원리와는 상충한다.

그런데 한국적 자본주의에서는 합리성과 비합리성이 그 모순 관계에도 불구하고 공존하고 있음을 볼 수 있다. 이는 탈전통 사회에서 흔히 일어나는 현상이기도 하지만, 사회 전반에 걸쳐 근대화가 달성되지 못한 채 전통성과 근대성이 애매모호하게 서로 얽혀 있는 상황이 오래 지속되어왔다. 이 두 영역 사이에는 갈등과 상호작용이 있는가 하면 평행선이 그어지기도 한다. 자동차 생산 공장의 숙련공은 계획된 청사진에 따라 차를 조립하고, 경리 사원은 생산성 제고를 위해 경영 원칙에 따라 계산된 절차를 밟는다. 그러나 그들은 사생활에서는 미신에 따라 인간관계를 맺거나 행동의 방향을 선택한다. 그들이 계산할 수 없는 무속을 준거 틀로 해서 행동한다. 그들은 생산력의 형식적 합리성과 개인생활의 실천적 비합리성 사이에서 유유히 삶을 영위해나간다.

형식적 합리성과 실천적 비합리성의 모순은 모든 선진 공업 사회가 안고 있는 크고 작은 내적 갈등이기도 하지만, 전통에서 벗어나려는 한국 사회에서처럼 그 도가 심한 경우도 드물 것이 다. 우리 사회는 과학과 기술 진보에 의한 생산력의 급속한 발달 이 이에 상응하는 문화적 적응을 허용할 여유를 가질 수 없었으 며, 또한 얼마 가지 않아 21세기를 맞게 되었고, 더욱이 생산력의 근대성과 문화의 역근대성 간의 차이가 좀처럼 좁혀질 기미를 보이지 않는다. 물론 점증하는 형식적 합리성에 상응해서 실천 적 합리성도 형성되고 있는 것은 사실이지만, 이는 지배적 역근 대성의 문화에 대한 '반문화'로 존재한다. 변화에 대한 기존 문화 의 저항은 너무나 크다. 무속과 권위에 대한 옛 관념은 움직이기 어려운 상부구조로서 사람들의 사회 현실에 대한 인식의 내용을 계속 규정한다.

형식적 합리성과 실천적 합리성이 일치하는 사회에서 경제는 효율성, 사회체제는 평등, 문화는 자아실현을 규제의 원칙으로 삼는 것이 가장 현실에 부합하다는 관념이 일반적이다. 우리 사 회의 '반문화'가 바로 이러한 관념이지만 한국 현실과는 맞지 않 는 이상으로 남아왔던 것이다. 물론 이 이상이 전혀 무능했던 것 만은 아니었다. 권위주의 정치의 관리 체제 아래서 이 반문화는 비판적 영향력을 미칠 수 있었으며, 근대성 가치의 내면화에 기여했고, 1990년대에 이르러 이 사회에 개인의 자아의식이 성숙될 수 있는 주관적 조건을 마련해주었던 사실은 인정되어야 한다. 그렇지만 이 반문화가 정통문화로 제자리를 찾기에는 여러 가지 어려움이 가로놓여 있다는 것도 시인되어야 한다.

3

기복제화의 감각주의와
사변의 부재

사회가 다르면 문화도 다르기 마련이라고 한다. 그러나 실은 동東에 있는 사회와 서西에 있는 사회의 기본 구조는 같다. 바로 그렇기 때문에 이들 사회에서 각기 생각하며 느끼고 행동하면서 삶을 영위하는 사람들의 상징적 표현 양식은 서로 다를지라도, 그것들이 담고 있는 체험의 성격들 사이에는 큰 차이가 없다는 것이다. 사람들은 모여 살면서 사랑하며, 기뻐하고, 미워하며, 싸우기도 한다. 그들은 함께 일하고, 함께 놀이도 즐긴다. 그리고 죽음으로 사랑하는 이를 잃고 슬퍼하며 영원한 삶을 갈망한다. 이와 같이 사회적 관계에서 희비애락은 교차하며, 이 체험의 반성이 상징적으로 표현되나 그 표현의 양식은 때와 곳에 따라 다양할 수 있다.

탈전통 사회의 문화적 모순

상징적 표현은 주어진 사회와 주어진 시대에 따라 고유의 양식을 지니게 된다. 일반적으로 그 양식은 밖의 세계와의 관계에 대한 표현자의 반성에 의해서 규정된다. 이 세계와의 관계에 대한 반성은 반성하는 이의 자아의식 정도에 따라 방향을 달리한다. 외향성과 내향성의 구별이 바로 그 달리함을 말한다. 서구의 초기 자본주의 사회는 내향성이 강했지만, 후기 자본주의에 이르면서 외부 지향적 경향이 뚜렷해졌다. 반면에 한국 사회는 개인들의 성숙되지 못한 자아의식 탓으로 전통적 외향성에서 곧바로 시장경제의 외부 지향성으로 옮아간 셈이다. 체면과 신분은 상품과 소유로 바뀌어버렸으며, 작가는 글을 쓰는 것보다 베스트셀러를 내놓는 것에 골몰하고, 화가는 자아실현보다는 고객들의 변덕에 전전긍긍하며 그들의 구미에 당기는 화법을 모방하기에 이른다.

세계사는 인간의 자기해방의 역사다. 문화의 발전은 인간 자유의 진전에 비례한다. 중세와 르네상스 미술의 차이가 이를 잘 증시해준다. 한국의 문화도 예외 없이 세계사의 흐름 안에서 변화를 누리게 될 것이다. 그러나 지금의 상황은 발전이 아니라 잘못 놓인 근대화이다. 탈전통 과정에서 폐기되어야 할 낡은 가치들이 자본주의의 부정적 경향들과 친화성을 가짐으로써, 한국 사회는 자율성의 단계를 거치지 못하고 21세기를 향하는 국면에 있다.

자아의식이 형성되어 있지 않은 여건에서 노동의 합리화는 인간의 로봇화로 나아갈 것이다. 자아의식이 미숙한 사회에서는 개별성과 창의성보다는 순응과 동조가 사람들의 사유와 행동의 기준이 되기 마련인데, 자아 상실의 후기 자본주의의 생산과 소비 순환은 한국인들의 생활양식을 무아경의 쾌락주의로 젖게 만드는 지경이다. 리비도가 자아를 대신하고, 쾌락과 고통이 선과 악의 기준이 된다. 그래서 근대성이 자리 잡기 이전에 보편성 원리를 부정하는 포스트모더니즘이 문학과 예술의 영역에서 활개치는 판이기도 하다.

기복제화의 무속은 쾌락 원칙의 신앙이기에 손으로 만질 수 없는 초월적인 세계를 가르치는 종교와는 거리가 멀다. 무속은 황색, 홍적색, 청록색 등의 삼원색으로 현세를 그린다. 또한 오음계의 판소리는 일정한 소리와 대사로 삶의 희비애락을 표현한다. 무속과 판소리는 깊은 사유의 매개 없이 사람들의 원시적 정서를 어루만진다. 삼원색과 오음계는 리비도의 예술이며 감각주의의 극치이기도 하다.

특히 지난 30년간의 권위주의 통치는 시민들의 개체성과 자아의식의 성장을 억제하고 그들의 체제 저항을 원천적으로 봉쇄하기 위해 인간을 리비도의 단계에 머물게 하는 온갖 수단을 가리

탈전통 사회의 문화적 모순

지 않았다.

'국적 찾기'라는 미명 아래 전통으로의 복귀를 민족의 대과업으로 만들고, '담백하고 소박한 것이 아름답다'는 식으로 사람들의 의식을 단순화시키고 그들로 하여금 즉각적인 욕구 충족을 좇게 만들었다. 그 결과가 인스턴트 반주로 목청 높이 불러야만이 최고의 가수가 될 수 있는 노래방이 거리마다 줄줄이 늘어서는 것이다. 그리고 영화 〈서편제〉는 감각주의의 문화적 정통성을 확정해주는 최고의 예이기도 하다. 한恨이 마치 우리 민족의 고유한 정서인 양, 이것의 카타르시스를 이끌어내는 기법이야말로 국악의 절묘한 멋이 되어버린 것이다.

한편으로 학문의 영역에서 직접적 욕구 충족을 바라는 무속 신앙은 실증주의 학문관으로 그 맥을 이어간다. 과학과 기술 진보로 촉진된 생산력의 발달은 경험과학의 우위를 입증해주었고, 오관으로 지각되는 것만이 확실하다는 관념을 심어주기에는 어려움이 없었다. 사회과학 연구에서 복잡한 단계를 거치는 사변보다는 직접적으로 확인케 해주는 경험적 조사방법이 별다른 저항 없이 널리 수용되고 있다는 것은, 한국 문화가 사유의 매개를 꺼려하고 있다는 사실을 가리킨다. 그리고 사변철학이 그나마도 일부 철학자들의 사유 양식이 되어왔으나, 이제는 그 명맥 유지가 예상되지 않는 것도 기복제화의 감각주의가 원하는 것이 무엇인가를 잘 보여준다. 사변철학이 이 사회에서는 반문화에 속한다. 왜냐하면 철학은 자기반성을 통해 감각적이고 직접적인 것을 넘어서 인간에게 무엇이 보편적인 가치를 지니는가를 찾게 해주기 때문이다. 그러나 이제 사변은 학문의 원리가 될 수 없다는 것이다. 눈앞에 놓여 있는 것만이 지식의 대상이고 알 값어치가 있을 따름이라는 것이다.

시와 소설 또한 반문화의 일부로 형성되더라도 기존 문화에 당연히 흡수되어버리고 만다. 그것들은 독자들의 지적 향상에 이바지하기보다는 이들의 수준에 알맞게 눈높이를 낮춰 베스트셀러로 팔려야만 위대한 작품으로 인정된다. 문학은 기존 질서와 분리되어 그것을 초월적 관점에서 바라보고 이를 보편적 진리에로 가깝게 끌어주는 역할을 해야 함에도, 작가의 자기 보존은 현실에 동조하고 현존의 사회구조로 편입할 것을 요구한다. 그래서 문학도 철학처럼 변화에 기여할 수 없게 된다.

근대성은 자아의식과 함께 시작한다고 한다. 모든 사회가 발전의 단계를 달리하더라도 비슷한 과정을 밟는다. 왜냐하면 역사는 인간의 자기해방의 도정이기 때문이다. 한국 사회는 근대성의 단계를 겪기 이전에 후기 자본주의 단계의 생산조직과 문화를 도입함으로써 풀기 어려운 문화적 모순에 들어 있는 셈이다. 이 궁지에서 빠져 나와야 한다는 외침이 자자하다. 국가권력

탈전통 사회의 문화적 모순

으로부터 분리되는 시민사회에서만 자아의식이 성숙될 수 있고 문화의 자율성이 향유된다는 처방이 가장 큰 설득력을 갖는다. 그렇다고 사람들이 마음먹는다고 시민사회가 들어서는 것은 아니다. 후기 자본주의 경제는 국가 간섭을 기본 요건으로 삼기에 선진 시민사회마저도 그 영향권을 잃어가고 있는 판국임을 고려할 때, 한국 사회가 안고 있는 문제는 실로 엄청나다.

4 합리성으로의 탈전통

형식적 합리성과 실천적 합리성은 각기 자연과 사회에 관계되더라도, 이 둘은 보편성의 원리라는 데서 같은 의의를 갖는다. 근세 서구에서 과학의 진보가 자연 관리의 기술을 발전시키고 개인들의 권리와 자유 그리고 이들 간의 평등사상을 발달시켰던 것이 우연만은 아니다. 다만 과학과 기술이 후기 자본주의라는 사회경제적 단계에서 야기했다는 문제들을 그것들에만 책임을 돌릴 것은 아니다. 과학과 기술의 진보가 몰고 온 근대화가 미신과 주술, 인습과 지배로부터 인간을 해방시켰으며 그 역할을 계속 이어나갈 것임에는 틀림없을 것이다. 문제는 주어진 사회가 이것들을 어떻게 이용하느냐에 있다. 민주적 정치 문화가 없는 권위주의 사회에서는 권력층에 의해서 과학과 기술이 통치수단

탈전통 사회의 문화적 모순

으로 원용되는 경우에 일어나는 효과가 사회의 전면 관리에까지 이르게 된다. 그 한 예가 이미 소비에트 체제에서 있었으며, 한국 사회에서도 정도는 다를지라도 사회 전반에 걸친 통제가 가해졌던 것은 부인될 수 없는 사실이다. 매스미디어는 교육과 종교 그리고 사상 등의 영역이 지배 장치의 정당화에 이바지하는 방향으로 그 조작기술을 총동원했던 것이다. 이러한 과정에서 토착 문화는 '국적 찾기'의 전통주의 기치 아래 그 영향력을 강화할 수 있는 기회를 갖게 되었으며, 생산력의 발달에 의한 경제구조의 근대화에도 불구하고 정치를 비롯한 여타의 상부구조는 합리화된 생산 장치와는 동떨어진 원리로 움직이게 되었다.

지금은 통제와 규제의 시대와는 다르다. 개인의 자발성과 창의성이 발휘될 수 있는 국면이 열린 것이다. 실천적 합리성이라는 반문화가 정통의 자리에 들어설 수 있는 시기가 도래했다. 문화가 인간과 자연, 그와 사회 그리고 그와 자신과의 관계에 대한 반성에서 일어나는 것이라면, 인간이 자유를 향해 나아갈 때와 가장 자유로울 때 실천적 합리성에 부합하는 문화가 제자리를 찾을 수 있을 것이다. 또 그렇게 되어야만 형식적 합리성의 원리에 입각한 경제적 토대의 지속 발전이 가능하게 될 것이다. 토대와 상부구조 간의 친화적 상호작용을 통해서 경제와 문화가 한국 사회의 진정한 근대화의 양대 추진력이 될 수 있다. 적어도 한국 사회의 발전 단계에 비추어 본다면 그렇다는 것이다.

이 사회가 우선 이룩해야 할 것은 무엇보다도 근대화이다. 그 완성은 형식적 합리성과 실천적 합리성의 일치에 있다. 이러한 상황은 분명히 유토피아임에는 틀림없을 것이다. 그러나 사회 발전의 올바른 방향 정립을 위해서 문화라는 상부구조의 영향이 지대하다는 것이 간파된다면, 실천적 합리성의 원리를 축으로 하는 문화의 힘이 이 사회가 나아갈 길을 밝혀주고 사회 성원들이 제각기 자아실현을 도모할 수 있는 쾌적한 세계의 창출에 순기능을 발휘하도록 모든 인간적 노력이 모아져야 할 것이다.

문화는 사회 내의 경제구조를 포함한 다른 요소들과의 총체적 관계에서 형성되지만, 사람들의 사고방식과 행동양식을 규정하는 규범이기에 상부구조로서의 문화는 무엇보다도 사회 발전의 원천이 된다. 현대와 미래 사회에서 과학과 기술이 주도적 역할을 할 것임에는 의심의 여지가 없지만, 이것들은 문화와의 결합에서 보다 큰 힘을 발휘할 수 있다. 과학과 기술에 의한 노동의 조직화는 고도 생산의 필수 요건이다. 경제의 지구촌화로 종래의 기업과 기업 간의 경쟁이 국가 간의 경쟁으로 확대되어 생산 관리의 성격은 더욱더 엄격해질 수밖에 없는 상황에서, 효율성과 편의주의가 문화적 가치를 뒤로 제쳐놓을 위험이 어느 때보다도 크다.

탈전통 사회의 문화적 모순

물론 고도 생산에 가장 적합한 문화가 따로 있기 마련이지만, 지속 가능한 사회 발전이 요청하는 문화는 인간의 본래적 존재 양식인 자유롭고 평등한 여건에서 자아실현을 가능케 하는 것이어야 한다. 이 문화는 발전에 대한 장애가 아니라 그것의 자극과 계기가 되는 것이다. 한국 사회는 이 문화를 선택할 역사적 변화의 단계에 도달했다. 우리 사회에서 지금까지 반문화로서 간주되어왔던 실천적 합리성의 문화가 그 정통성을 획득하게 될 전환기에 이르렀다. 오늘 이 자리에서 그 실현을 위해 철학계가 할 수 있는 일이 무엇인가를 물어야 한다.

한국의 현실과
자아의식의
확립

1 근세철학과 인간 주체성

서양철학이 크게 유럽 철학과 영미 철학으로 나뉜다고 하더라도 이 양대 흐름도 제각기 나라에 따라 영국 경험론이나 미국 실증주의 그리고 프랑스 합리주의와 독일의 관념론 등으로 갈라진다. 그리고 그 다원화에도 불구하고 이들 철학 사조는 서구 역사의 전개 과정에서 생성하고 발전했기에 그 역사의 전체적 맥락에서 이해되어야 할 것이다. 그러나 우리의 경우는 다르다. 서양철학의 도입이 그 맥락과는 무관한 여건에서 이루어졌기에 그 수용이 우리 사회와 문화에 긍정적인 기여를 했는가에 대한 물음은 쉽게 풀릴 수 있는 것은 아니다.

철학은 인간이 자신과 세계와의 관계에서 행하는 반성이며, 그것은 사유의 한 형태로서 나름대로 양식을 가지며, 이 양식은

한국의 현실과 자아의식의 확립

시대와 사회의 변화와 함께 달라진다. 개별 문화의 전통에 따라 그리고 주어진 시대 상황에 따라 철학적 사유는 고유의 양식을 지니게 된다. 중세 이후 해상 탐험과 르네상스, 종교개혁, 명예혁명, 산업혁명, 프랑스혁명 등을 거치면서 이들 역사적 변혁기에 철학자들은 자신들의 사회적, 정치적, 경제적, 문화적 여건에서 사상의 형태로 대응했으며, 이렇게 해서 형성된 사상들은 서양철학사에서는 이른바 근세철학으로 분류되었던 것이다.

이 근세철학사는 오랫동안 한국 대학의 철학 교육에서 교과과정의 주요한 부분을 차지했다. 지식인들은 로크와 흄의 경험론, 데카르트와 스피노자의 합리론, 칸트의 선험론과 헤겔의 관념론을 논하며, 그들은 서양철학사에서 배운 개념들로 사색도 하고 삶의 의미를 되새기기를 즐겨했다. 그러나 이러한 지적 활동은 그들의 삶의 실천에 큰 도움을 줄 수는 없었다. 그들은 전혀 다른 역사적 현실 속에서 로크와 데카르트의 이론을 통해 사유했던 것이다. 르네상스의 인본주의와 종교개혁의 주체사상 그리고 과학 지식을 통해서 성장하면서 형성된 경험론과 합리론은 농경문화가 계속 지배하고 있는 사회에서 개인들의 삶의 태도와 실천과는 친화성을 지닐 수 없었던 것이다.

전혀 상이한 문화권에서 생성된 사상들 사이에도 유사성과 공통점이 있기 마련이겠지만, 한편으로는 기독교 그리고 다른 한편으로 불교, 유교, 도교의 영향 아래서 형성된 철학 사상들 간의 비교는 그다지 쉬운 것만은 아니다. 특히 사회구조의 측면에서 본다면 이들 간의 비교는 더욱더 어려워진다. 그러나 우리 학계에 유입된 서양의 근세철학은 젊은 지식인들의 관심을 끌기에는 충분했다. 동서고금을 막론하고 젊은 세대는 개인과 사회 간의 관계를 자아의 입장에서 맺으려는 경향을 강하게 나타낸다. 근세철학은 우리의 젊은 지식인들에게는 계몽사상이었다. 그러나 이들이 그 담지 집단이 될 수 있는 정치적, 사회적 여건이 마련되지 않았기에 그 철학은 그들에게는 관념으로 남을 수밖에 없었으며, 한국 사회의 현실과는 고립된 고급문화로서 감상의 대상에 지나지 아니했다.

철학은 주어진 역사적 현실에 대해 사상의 형태로 나타나는 대응이다. 관념론이 정신의 내재적 법칙에 따라 형성된다고 하더라도 그것은 그 형성자가 놓여 있는 사회적, 문화적 상황과 연관해서 그 모습을 다듬어간다. 현실로부터 분리되어 철학이 진공에서 형성되는 것이 아니라 그 철학자가 행동을 통해 자신의 주위 세계와 관계를 맺는 데서 일어난다는 것이다. 우리 학계에 유입된 독일 관념론은 프랑스혁명에 대한 독일 철학자들의 대응이었다. 18세기 유럽은 계몽주의에 힘입은 시민계급의 정치적 혁명기에 있었고, 이에 대해 독일의 지식인들은 그들의 자유에

한국의 현실과 자아의식의 확립

대한 갈망을 사상의 형태로 표현했다. 칸트는 자유를 인간의 자기규정으로 연결했으며, 피히테는 자유를 인간의 자기동일성으로 정의했고 셸링F. Schelling은 내적 자유를 강조했다. 헤겔은 노동을 인간의 자유로 삼았으며, 이를 통해서 인간은 스스로를 자유롭게 할 수 있다고 믿었다. 17세기의 경험론과 합리론이 다 같이 18세기 말의 정치적 혁명의 추진력을 이루었다면 관념론은 독일 지식인들에게는 그 혁명 못지않은 사상 혁명이기도 했던 것이다.

그러나 식민지 대학에서 읽혔던 관념론은 그 본래의 역사적 의의를 잃은 채, 제국주의 통치의 이론 기반으로 전락하고 말았다. 한 사회의 지배적 사상은 그 지배계급의 사상이고 역사도 이 집단에 의해 쓰여지기 마련이다. 독일의 관념론도 제국주의자들에 의해서 국가주의 철학으로 재구성되었으며, 식민지 대학 교육도 이 왜곡으로부터 결코 자유로울 수 없었다. 그러나 이러한 상황은 제국주의자들의 패배와 함께 종식되었다. 그렇다고 관념론에 대한 한국 철학자들의 수용에 새로운 전기가 찾아온 것은 아니었다.

근세의 경험론과 합리론은 17세기에 새로이 등장한 시민 계층으로 하여금 정치, 사회 그리고 종교의 여러 영역에서 비판적 사고를 기를 수 있는 계몽의 역할을 발휘했으며, 이는 과학의 진보와 함께 서구 문명의 합리적 사유 양식을 발달시키는 데 크게 기여했다. 이 두 철학 사상이 근거하는 합리성 원리는 산업혁명 이래 자본주의 원리가 되고 합리화는 서구 사회의 운명이 되어버린 것이다. 다른 한편으로 관념론은 인간이 스스로를 자유롭게 만드는 과정으로 역사를 상정하면서도 경험론과 합리론과는 다른 관점에서 세계관을 제시했다. 관념론은 정태적 물질 개념이 아니라 동태적 정신 개념으로 인간과 역사를 설명하려 했다.

비록 관점에는 차이가 있었더라도 경험론과 합리론 그리고 관념론은 서구인들이 근세로 이행하면서 새로이 자연과 사회를 정립해나간 철학 사상이었다. 이 사상이, 발전 단계가 다른 한국 사회에 들어와서 지식인들의 사유에 영향을 끼치는 데는 분명히 한계가 있었으며, 다만 철학 교과과정으로 제공되는 서양철학사로서 가르치고 배우는 과목에 지나지 않았다. 바로 이와 같은 이유에서 우리의 대학 안팎에서의 철학이 서양 고전의 훈고학 수준을 넘을 수 없었던 것이다.

그러나 근래에 와서 서양철학에 대한 관심은 문헌 중심에서 그 현대적 의미의 해명으로 옮겨가는 경향이 두드러지게 보인다. 지난 1960년대 이래 진행되어온 경제 발전에 의한 근대화는 서구가 수 세기에 걸쳐 이룩한 변화를 짧은 기간 안에 달성하리라는 기대에서 산업화와 도시화를 수반했고, 또한 이로 인한 사회구조의 분화는 개인들의 자아의식을 성숙하게 하는 여건을 마런하기에 이르렀으며 사회 내에서는 시대적 변화에 대한 지적 대응이 활발히 이루어지고 있다.

사회과학자들은 서구의 근대화 이론을 그대로 우리 사회의 현상 분석에 원용하기도 했다. 그러나 그 접근 방법이 많은 경우에 현실에 맞지 않는다는 비판을 받기도 한다. 그래서 한국 사회의 인식에는 이에 적절한 고유의 방법론이 개발되어야 한다는 주장이 점차로 거세지고 있다. 철학 분야에서도 비슷한 견해들이 제기된다. 서양철학사 연구도 중요하지만, 우리가 놓인 역사적 현실에서 사념하고 나와 자연 그리고 나와 사회와의 관계를 성찰하고 이를 이론으로 형성하는 노력이 있어야 한다는 것이다.

20세기 중반 이래 과학기술의 획기적 진보는 생산력의 발달을 촉진하면서 산업화와 도시화를 전 지구적 규모로 확대했으며 그 결과로서 상이한 문화 전통에도 불구하고 여러 많은 사회의 구조를 비슷하게 만들어놓았다. 이리하여 사회과학자들은 농경 사회들이 서구 산업사회처럼 전통성에서 근대성으로 필시 이행할 것으로 기대했으며 이들 사회가 궁극적으로 현대사회라는 공통적 성격을 갖추게 된다고 한때 주장하기도 했다. 그러나 문화적 동질화까지는 아니더라도 합리성 원칙에 기반하는 사회로의 발전이 전통 사회의 방향일 것이라는 예상조차 아직은 맞아 드는 것은 아니다. 비록 과학기술의 발달로 생산구조가 합리화되

근대성과 자아의식

고 있지만 시장경제의 운영을 비롯하여 정치과정 그리고 사회의식에서는 합리적 가치 체계가 구축되지 않고 있는 실정이다.

바로 이 점에서 어떤 사회과학자들은 주어진 사회의 현실 인식에 맞는 고유한 방법적 틀이 모색되어야 한다고 강변한다. 앞서 근대화된 사회의 인식 장치가 한국 사회에 그대로 적용될 수 없다는 것이다. 대중사회 이론이 농경문화가 여전히 크게 작용하고 있는 아시아 산업사회의 인식 모델로 택해질 수 없다는 것이다. 그렇다고 농경사회의 낱말과 용어 들로 사회구조가 점차로 분화되어가는 우리 사회를 이해할 수 있는 것도 아니다. 새로운 개념도구가 고안되어야 함은 불가피하다. 특히 한국 사회에서 일어나고 있는 변화는 현대사회로의 탈바꿈이 아니라 예상치 못했던 방향으로의 진전이며, 이 과정에서 특유의 사회적 성격을 형성시키고 있다는 사실이 지적되어야 한다. 1990년대 한국 사회의 발전 단계는 전통에서 근대로의 이행기이지만 지금은 그 고유의 형태로 사회구조가 결정結晶되어가고 있으며 여기에 알맞은 방법론적 대안이 요구된다는 것이다.

2 근대성과 자아의식

철학적 사유는 모든 종류의 사유처럼 주어진 상황 속에서 일어나는 사념이며, 역사적, 사회적 맥락 안에서 진행한다. 철학은 남들과 함께 삶을 영위하는 개인들의 철학이기에 그것은 언제나 '사회 속의 철학'이기도 하다. 이 사회는 과거와 미래 사이에 있으며, 전통을 이어 나가며, 새로운 역사를 미리 세우는 현재에 놓여 있다. 철학하는 개인들은 이 시간의 지평 위에서 자신과 자연 그리고 자신과 사회의 관계를 성찰하고 삶을 음미한다. 철학은 개인들의 일상적 생활 세계 안에서 일어나지만 철학자는 일상적인 것을 그대로 받아들이지 않고 이것을 역사적 연관성에서 새롭게 인식하며 인간 자신과 이것들과의 관계를 다시 정립하는 반성에 전념한다. 그리고 이 반성은 곧 이론 형성으로 이어져간다.

생활 세계는 사람들이 이웃과 거래하며 일을 하고 생계를 유지하며 남들과 놀이도 하고 싸우기도 하며 일상적 삶을 살아가는 터전이다. 생활 세계는 사실 인간에게 일어날 수 있는 모든 일들의 연원이기도 하다. 이 세계는 전통과 관습 그리고 가치들이 수 세대를 거쳐 물려받아 쌓여 있는 문화적 세계이다. 그런가 하면 세월을 거듭하면서 시대에 따라 달라지는 역사적 세계이기도 하다. 수렵시대의 생활양식은 농경시대와는 다른 생활 세계를 형성한다. 그리고 산업화시대와 정보화시대도 제 나름의 문화를 갖추고 각기 특수한 세계를 만들어낸다. 사람들이 남들과 함께 일상적 삶을 영위하는 이 사회적 생활 세계는 문화적이고 역사적인 세계이면서 사람들의 사고와 감정 그리고 행동의 의미 기반을 제공한다. 이 의미 기반은 생활 세계 안에서 삶을 영위하는 사람들 대부분이 함께 나누며 이 기반 위에서 사람들 간의 개별성을 넘어 이들을 묶어주는 상호주관성이 기능하게 된다. 그리고 이것은 개인들을 하나의 의사소통 공동체 안으로 결합시키면서 공통의 정체성을 갖게 한다.

그러나 이 정체성도 시대에 따라 달라지는 생활 세계의 역사성 때문에 흔들린다. 전통성에서 근대성으로 옮겨가는 생활 세계에서 위기를 맞게 되는 것은 필연적이다. 그러나 한국 사회에서는 변화에 대한 저항이 강하다. 산업화와 도시화에 의한 사회구조의 분화에도 불구하고 의식구조는 이에 따르지 않는다. 관습과 신념 그리고 가치관 등은 재래의 그것들과 별로 달라진 것이 없으며, 바로 그렇기 때문에 정치와 시장의 운영도 전통 사회의 비합리적 삶의 양식에 의해서 계속 규정된다. 한국 사회에서는 목적 합리성의 원리로 조직화된 생산구조와 비합리성의 전통적 생활 세계가 불안한 관계를 유지하고 있으며, 이로 말미암아 생산력의 근대화가 전진하면서도 그 반면에 정치의 역근대화가 그치지 않기에 이 현상 간의 모순이 일어나는 셈이다.

이와 같은 모순관계가 개인들에게 있어서 자아의식의 성숙을 가로막는 요인으로 간주될 수 있을 것이다. 사회구조의 분화는 일반적으로 사회 성원들에게 개체화와 이에 따르는 자유와 권리에 대한 자각을 촉진시키는 계기가 된다. 이 자각이 곧 근대성의 중추를 이루는 자아의식이며 이것의 성숙이 시민사회 성립의 요건이 된다. 그러나 전통적 가치 체계가 여전히 효력을 크게 발휘하고 있는 한국 사회에는 산업화와 도시화에 의한 사회적 분화가 별다른 의식구조의 변화를 가져오지 못하고 있는 실정이다. 상하의 사회적 관계는 달라지지 아니했으며, 기복제화의 무속신앙은 개인들의 운수를 잡신들에 맡기는 인생관을 지탱케 함으로써 개인이 자신의 주인이라는 자아의식의 성장 가능성이 억제될 뿐이다.

근대성은 자아의식의 형성과 더불어 시작한다는 명제는 서구 사회에서뿐 아니라 한국 사회의 발전 과정에서도 그 타당성이 인정될 수 있을 것이다. 동서를 막론하고, 빠르거나 더디거나, 모든 사회는 인간의 성장 과정에서처럼 여러 단계를 밟아 발전한다. 근대성은 일반적으로 서구 역사를 이해하기 위한 개념적 틀로 고안되었기도 하지만 한국 사회의 발전 단계를 이해하는 데도 주저 없이 원용될 수 있다. 자아의식이 미숙한 생활 세계와 합리화된 생산구조 간의 모순에서 생기는 정치적, 사회적 혼란이 근대성의 참 의미가 무엇인지를 잘 보여줄 것이다.

개인들의 자아의식의 개발 없는 경제 발전의 기도는 과학과 기술의 진보로 생산수단의 합리화에 의해 어느 정도 달성할 수 있다고 하더라도 개인의 자유와 권리가 보장되는 민주적 정치 발전은 이룩되지 못하고 종국에 가서는 경제 발전도 한계에 부딪치고 만다. 이것이 오늘날 한국 사회가 놓이게 된 상황이다. 근대성은 사회 성원들에게 있어서 자아의식의 확립을 가리킨다. 자아의식은 앞에서 언급한 바와 같이 개인이 자신의 주인이라는 자각이자 자신의 사고와 행동의 주체라는 믿음이며, 이 의식의 부재나 미숙은 상하 예속 질서의 사회관과 타율에 맡기는 생활 태도를 개인들로 하여금 받아들이게 한다. 정치와 경제 그리고 사회의 모든 제도가 형식적으로는 합리화되더라도 그 안에서 움직이는 개인들의 주체의식 없이는 제도의 합리화가 순기능을 발휘할 수 없게 된다.

여기서 철학이 이행기에 놓인 이 사회를 위해서 할 수 있는 역할이 분명해진다. 그것은 무엇보다도 사회 성원들의 자아의식 성숙에 이바지하는 일이다. 철학의 역할은 바로 근대성의 확립에 있는 것이다. 17세기에 경험론이 오관을 통해 주위 세계를 인식하는 나를 내세웠고 합리론이 생각하는 나를 모든 존재 앞에 놓았다면, 오늘의 철학은 이 사회의 근대화를 올바른 방향으로 이끌어갈 자아를 길러내야 할 것이다.

세계는 나와의 관계에서 비로소 의미를 갖는다. 내가 자연과 사회로 이루어진 이 세계를 만든 것은 아니지만 이 세계는 내가 그것에 부여하는 의미를 통해서 경험된다고 하면, 자아와 세계와의 관계의 중요성이 분명해진다. 17세기 서구인들은 이 사실을 깨달을 수 있었다. 곧 세계를 경험하는 나, 자연을 인식하고 관장하는 나, 사회의 한 성원으로서 남과 함께 일하고 삶을 영위하는 나는 내 사유와 행동의 주체이며, 나는 주체이기 때문에 자유로우며, 또한 나는 나와 같은 남들과 대등하다는 깨달음이었다. 오늘의 한국인들에게 필요한 것도 바로 이와 같은 나에 대한 깨달음이어야 한다. 철학은 이 자아의식이 널리 그리고 깊이 확립되는 데 온갖 노력을 경주해야 할 것이며, 여기에서 한국에서의 철학함이 그 진정한 의의를 찾을 수 있을 것이다.

과학기술이 인간의 삶을 구석구석까지 규정하려는 오늘에 와서 철학이 영향을 끼칠 수 있는 범위는 크게 좁아졌다고 한다. 그리고 철학적 사유에는 보편적 기준이 없는 한 주어진 현실에 대한 인식이 상대성을 면치 못한다는 것이다. 철학에 대한 이러한 비판이 옳을 수도 있으며, 따라서 철학의 유용성에 대한 회의가 생길 수 있을 것이다. 그러나 아직은 철학만이 해낼 수 있는 탐구의 영역들이 남아 있다. 그 가운데 하나가 개인과 자연, 개인과 사회 사이에서 끊임없이 제기되는 자아의 문제다. 앞에서 언급한 바와 같이 나를 둘러싼 주위 세계와 더 나아가서 자연과 사회를 자연으로서 그리고 사회로서 인식하는 나에 대한 해명은 있어야 하며, 이것은 곧 철학의 과제가 된다.

자연 현상은 관찰되고 측정되며 법칙 정립으로 설명된다. 사회 과정도 자연과학의 방법에 의해서 설명되기도 하지만 관찰과 측정이 허용되지 않는 현상이 있으며, 이것에 대한 접근은 철학적 방법에 의존하는 경우가 적지 않다. 사회적 행위자의 의식구조를 인과성 개념에 준거하지 않고 밝히는 현상학적 방법이 하나의 좋은 예가 될 것이다. 이 접근 방법은 사회과학 연구에서 광범위하게 원용되고 있으며 실효도 크게 거두고 있다. 현상학은 의식을 대상에 의미를 부여하는 작용으로 간주하고 사회적 현실을 의미의 복합체로 간주한다. 이 의미 부여 행위는 인간을 주체로 만드는 타당성 근거가 된다. 실존철학자 사르트르J. P. Sartre는 이 주체 개념에서 자유 개념을 도출하여 자신의 사회철학의 단초로 삼기도 했다.

현상학적 방법이 때로는 주관주의로 이해되는 경우가 있지만, 외부 세계에 의미를 부여하는 주체의 개념은 결코 정신으로만 간주되는 것이 아니라 자연 안에서 신체를 갖고 남들과 사회를 이루고 문화를 만들며 삶을 영위하는 인간일 따름이다.[1] 다만 인간이 주체라는 깨달음이 인류 역사의 시작부터 있었던 것은 아니고 훨씬 뒤에 그는 비로소 세계 내에서 자신의 위치를 찾게 되었으며, 근세철학은 그 자각의 표현이었다. 20세기 전반에 서구 철학의 주요한 사조로 등장한 현상학은 기계 문명에 의해서 망각되어가는 인간의 주체성 회복을 도모하는 사념들 가운데 하나로서 근대성의 재확립을 위한 철학의 노력인 것이다.

3 보편 원리로서의 합리성

서구의 근대화는 산업의 합리화로 촉진되었다고 한다. 그런데 합리성의 원칙은 전적으로 서구적인 것만은 아니다. 생산구조를 합리화한다거나 노동을 합리적으로 조직한다는 것은 서구 자본주의의 원칙인 양 여겨지지만, 노동의 합리화는 18세기 실학자들에게서도 찾아볼 수 있는 생활 규범이다. 유형원柳馨遠, 1622~1673은 인간의 노력 여하에 따라 자연이 생산적이거나 비생산적으로 된다는 것을 간파했으며, 이익李翼, 1681~1763도 사람은 일을 해야 재화를 모을 수 있다고 함으로써 근면이 곧 부의 원천이라고 주장했다.[2] 조선조의 정치적, 사회적 이념을 제공했던 성리학으로는 변화하는 시대의 요구에 부응할 수 없다고 믿었던 영·정조 시대의 일부 지식인들은 성리학이 중세 사회에서는 그 타당성을 지닌다고 하더라도 당대에는 그 비현실성으로 적합성을 잃었다고 보았다. 이들은 사대부들에 의해 천시되었던 노동에 대한 근대적 입장을 표명했으며 천운에 개인들의 삶을 맡기는 일반 백성들의 우둔한 인생관과 생활 태도에 일대 혁신을 가져올 수 있는 사상을 폈던 것이다.

노동을 천시하는 전통은 서양에서도 고대에서 중세에 이르기까지 내려왔던 것이 사실이다. 그리스에서는 노동이 자유인에게는 걸맞지 않고 노예들의 일이라고 여겼다. 그리스인들은 자연을 관조하고 정치에 참여하는 것을 삶의 참 목적이라고 생각했다. 중세에서도 상황은 달라지지 않았다. 독일어 'Arbeit아르바이트'가 농노를 가리키는 중세독어 'arba아르바'에서 유래한다는 것이 이를 잘 보여준다. 그러나 17세기에 와서 노동은 비로소 문화적 의미를 지니게 되었다. 상공업층과 자영농민층이 영국 사회의 중산층을 형성하면서 노동이 인간의 자기 보존을 위한 가장 합리적인 수단으로 간주되었던 것이다.

실학은 업業과 노동을 천시하는 성리학이 조선 사회에 역기능을 나타냈다고 했다. 성性이니 이理니 하는 논의가 인간 본성을 올바로 규명하지 못한 채 공허한 이상을 내걸었을 뿐 성리학은 삶의 실천을 위한 적절한 대안을 제시하지 못했다. 이에 반하여 실학은 이용후생利用厚生의 도를 밝히고 경국제민經國濟民의 길을 탐구했다는 것이다. 이익은 이理만이 아니라 기氣로서의 인간 본성을 긍정했다. 사람들은 자신의 노력으로서 재화를 얻을 수 있다고 함으로써 개개인들 간의 차이를 인정했다. 이것은 자연의 주어진 조건에 순응하지 않고 사람들이 각기 자신의 잠재력을 실현한다는 것을 가리켰다.

실학은 노동 개념을 통해서 인간과 자연 간의 관계를 새롭게 정립했다. 그것은 이의 개념으로 우주론과 윤리설을 세웠던 성리학과는 달리 인간이 삶의 현실에서 스스로 살아가는 길을 모색했다. 그 이론적 시도는 인간주의적이었다고 볼 수 있을 것이다. 그러나 실학파는 사회 발전에 영향을 끼칠 수 없었다. 기성 유학파에 밀려 변혁 사상의 담지 집단으로 정치 세력화할 수 없었으며 그들의 사상은 관념으로만 머물게 되었다.

그러나 오늘날 노동에 의해서만 재화가 창출된다는 노동가치설은 명증한 진리로 받아들여지게 되었다. 인간은 자연의 일부일지라도 노동 없이는 생명을 유지할 수 없다. 사유가 인간과 자연을 매개한다고 하는데 노동이 또 이 사유에 수반한다. 실은 사유와 노동이 인간으로 하여금 자신의 주위 세계와 관계를 맺게 한다는 것이다. 그리고 지금 우리가 알고 있는 인류도 이 관계 맺음을 통해서 이 단계에 이르렀다고 말할 수 있을 것이다.

사람들이 머리와 손으로 산을 밀고 바위를 깎아 밭을 일구며

75

집을 짓고, 마을을 만들고 도시를 세우며 스스로 생성한 자연을 변형하고 관리하면서 자연에 관한 지식이 늘어나고 늘어난 지식들이 체계를 갖추면서 과학이란 학문이 발달하고 또 자연 관리의 기술도 함께 앞서가면서 이른바 과학기술이 지금과 같은 수준에 도달하여 인류는 그만큼 문명화한 셈이다

노동은 자연의 일부인 인간을 자연으로부터 구별 짓는다. 노동으로 인간은 필연성에서 벗어 나온다. 자연의 모습을 바꿈으로써 인간은 자유롭게 된다. 그러나 노동과의 이와 같은 관계를 고대에서 중세에 이르기까지 사람들은 깨닫지 못했다가 근세에 와서 자기의식의 형성과 더불어 노동이 인간적 존재 양식의 기본이라는 사실이 드러난 것이다. 그리고 인간은 노동으로 문화를 만들어왔다. 17세기 영국인들은 노동을 소유권의 정당성 근거로 삼았으며, 신체의 일부인 노동이 자연에 가해진 그만큼 그것은 그 노동의 행위자에 속한다는 로크의 사상은 자본주의 정신의 근간이 되어왔고, 자아의 독립성과 개체성이 자연을 자신의 것으로 만드는 노동에서 연유한다는 생각은 인류의 역사 발전에서 획기적 계기가 된다.

노동은 그 행위자인 개인에게 노동 산물에 대한 소유 권리의 근거가 될 뿐만 아니라 인간을 인간으로 되게 하는 본질이기도 하다. 본질이 인간의 실존으로부터 분리해 존재하는 것이 아

니고 인간 됨이 노동 그 자체라는 것이며 노동 행위를 통해서 인간은 자아를 실현한다는 것이다. 인간은 홀로가 아니라 다른 인간과 함께 일하면서 자신들의 협동에 필요한 언어를 발전시켰으며, 언어의 발달은 인간의 사유 능력의 증진을 가져왔고 사고의 발달은 그의 자연 지배를 강화시킬 수 있었던 것이다. 노동, 언어 그리고 사고는 불가분리이며 이 삼각관계에서 인간은 오늘에 이르게 된 것이다.

독일 관념론은 합리론과 경험론과는 달리 과학기술의 진보와 산업 발달의 역사적 흐름에 대하여 물질이 아니라 정신으로 대응했지만, 비록 관념의 형태일지라도 인간의 활동으로 객관세계가 정립된다는 입장을 견지했다. 피히테는 역사가 인간 주체의 활동을 통한 자아실현의 장이며 의식 활동 자체가 역사 활동이라고 정의했다.

셸링은 피히테의 활동으로서의 자아 개념을 이어나갔다. 그는 인간은 처음부터 완성품으로 존재하지 않고, 자신의 자유로운 활동으로 선과 악을 구분하며 올바른 삶을 영위해 나간다고 보았다. 인간은 자신의 행위에서 스스로 의사 결정을 내리며 바로 이 이유에서 그는 자유롭다고 셸링은 주장했다. 이것이 관념론적 인간관의 핵심이기도 하며, 계몽사상이 빠지기 쉬운 유물론에 반대하여 인간의 내적 법칙에 따른 활동의 개념으로 자유를 설명하는 좋은 예이기도 하다.

피히테와 셸링의 활동 개념은 헤겔에 이르러 '노동'이라는 활동으로 재정의된다. 헤겔은 노동의 주체가 되는 개개인이 자신의 노동을 근거로 권리 주장을 정당화했으며, 그는 재래의 사회계약론으로 자연권을 설명하지 않고, 개인의 자유와 권리를 노동을 통해서 보장했다. 그는 인간이 노동으로 자신을 해방시키는 역사 과정이 곧 이성이 현실적으로 되는 과정이라고 했으며, 근세가 바로 그 단계라고 일컬었다.

이상에서 살펴본 바와 같이 노동 개념은 근세에 이르러 인간의 권리와 자유 그리고 본질과 연관해서 문화적 의미를 지니게 되었다. 르네상스 이래 인본주의와 종교개혁에서 주체성 확립 그리고 부르주아 층의 등장이 몰고 온 개인적 자유와 권리 사상은 노동으로 개인들이 자립해가고 자력으로 자기실현을 해가는 단계들이 구현되는 형태이다. 적나라한 인간의 몸뚱이를 그리는 예술과 신과의 직접 교통에서 영혼의 구원을 기도하는 개신교 그리고 부지런히 일을 해 재화를 모아 자유와 행복을 자기 힘으로 누리는 부르주아의 생성은 인간이 자아를 확립해가는 데 거쳐간 단계들이며, 근세철학은 이와 같은 사회적, 문화적 연관 안에서 형성됐던 것이다.

전통성에서 벗어나는 오늘의 한국 사회도 서구의 근세 단계를 거치게 된다든가 또는 반드시 밟아나가야 한다는 주장은 있을수 없을 것이다. 그러나 철학이 이 시점에서 할 수 있는 일은 서구의 근대화 과정에서 합리적인 부분을 옮겨놓는 데 기여할 수 있는 바를 찾는 것이다. 지난 몇십 년간의 급속한 산업화와 도시화는 생산력을 발달시키고 사람들은 일상생활에서 도구적 합리성의 원칙이 얼마나 실용성이 있는가를 배우기는 했지만, 현대의 사회적 삶이 요구하는 실천적 합리성의 원칙에는 깨어 있지 못한 실정이다. 실천적 합리성은 자유롭고 대등한 상관관계에서 개인들의 자아실현을 허용하는 사회적, 정치적 질서의 원칙을 의미한다. 그런데 한국 사회의 문제는 이 원칙이 자리를 잡지 못하고 있다는 데 있다. 산업화와 함께 자본주의 생산양식이 도입되었으면서도 시민사회가 형성되지 않고 있다는 것이 이 문제의 심각성을 잘 보여준다. 경험론자 로크와 관념론자 헤겔은 각자의 전제 위에서 시민사회에 대한 성찰을 통해 나름대로 처방을 내렸으며, 그들의 사회사상이 20세기 종반에 이르기까지 지대한 영향을 미쳐왔다는 사실만 보더라도 철학이 할 수 있는 역할이 인류 역사와 우리 민족의 역사 발전에서 갖는 의의가 무엇인가 명백해진다.

4 도구적 이성과 실천적 이성

　도구적 합리성과 실천적 합리성 간의 모순은 크거나 작거나 모든 사회가 안고 있는 문제이지만, 한국 사회에서는 해소의 기미가 보이지 않을뿐더러 상태가 고착되어가는 경향이 있다. 전통성에서 벗어나는 과정에서 근대성과는 다른 고유의 비합리적 문화가 상부구조에 구축되어가는 현상이 이 사회에 나타나고 있다는 것이다. 그것은 앞에서도 언급한 바와 같이 기복제화의 무속문화가 근대화의 발목을 잡고 있을 뿐만 아니라 그것이 민족유산으로 보전되어야 한다는 전통주의자들의 강력한 옹호를 받고 있다는 것이며 근래에는 포스트모더니즘의 다문화주의론자들의 이론적 지지까지 업고 있다는 사실이다.

　무속신앙은 물활론이다. 어떤 사회에도 원시시대의 신비주의

80

근대성과 자아의식

사고가 남아 있기 마련이지만, 그것이 현대 생활에서도 사람들의 사고와 행동을 규정할 정도라면 발전의 저해 요소로서 고려되지 않을 수 없으며, 철학은 그 극복의 길을 모색할 과제를 안게 된다.

도구적 합리성과 실천적 합리성이 밖으로부터 인간에게 주어진 것들은 아니다. 이것들은 인류가 신체와 두뇌를 가지고 자연 안에서 이웃들과 함께 살아오면서 스스로 기른 능력이다. 인간이 생존을 위한 자연 관리의 필요에서 이성은 도구적 기능을 갖게 되었고 이웃 인간들과의 협동 없이 인류라는 종의 존속이 어렵다는 깨달음에서 실천적 합리성의 타당성이 인정된 것이다. 도구적 이성은 과학과 기술을 발달시킴으로써 인간으로 하여금 보다 체계적인 자연 관리를 가능케 하면서 그에게 안락한 삶을 보장했으며 또 부의 축적을 바탕으로 그에게 보다 자유로운 자아실현의 지평을 넓혀주었다. 그리고 실천적 이성은 인간으로 하여금 도구적 이성이 가능케 하는 자유를 보다 더 많은 사람들이 대등하게 누릴 수 있는 기회를 보장하는 정치사회 제도를 마련케 했던 것이다. 이것은 인류가 겪어왔고 또 지금도 겪고 있는 역사적 과정이며, 이 과정이 한국 사회에서도 현실이 될 수 있도록 철학은 일역을 맡게 된다.

산업화의 진전과 함께 생산력의 합리적 관리의 필요성 증대에도 불구하고 무속문화에 의한 생활 세계의 규정은 그치지 않는다. 이런 사회 현상에 대한 이론으로 제시될 수 있는 것으로 사회구조와 문화 간의 괴리론이 있기도 한데, 이것은 서구의 산업사회가 합리화되어가면서 이에 대한 반작용으로 비합리적 원리가 문화를 지배하는 경향을 나타낸다는 주장이다.[3] 그러나 한국 사회의 경우는 다르다. 사회구조의 합리화에 대립해서 비합리적 사고방식이 생성된 것이 아니라 전통문화로서 존속하고 있으며, 이것이 때로는 합리성의 원칙으로부터 분리해 병존하기도 하지만, 흔히 관리와 경영이 요구하는 합리적 가치 체계를 비합리적 생활 태도로 침식한다는 것이며, 그 결과는 사회구조와 문화의 괴리에서 오는 혼란이다. 고도의 생산성 제고는 목적과 수단의 합리적 조직화에서 비롯하지만 기복제화의 무속신앙은 인과성의 법칙을 넘어서 목적이 달성되는 것을 기대케 함으로써 정치와 경제 그리고 사회적 삶 전반에 무질서를 야기했던 것이다. 생산력의 근대화에 대한 정치의 역근대화가 대표적 예가 될 것이다.

전통에서 근대로의 이행은 사회 내 한 부분만의 변화로 이루어지는 것은 아니다. 사회구조와 문화 간에 상응하는 변화와 상호작용 없이는 근대사회로의 이행은 순조롭지 않다. 이와 같은 입장은 마르크스의 토대와 상부구조의 연관 지음이나 베버 M. Weber의 생산구조와 윤리의 시간적 친화론을 가리키는 것이기

보다는 일반적인 사회변동론에 따라 한국 사회의 근대화 과정을 분석하는 데서 제시될 수 있는 것이다. 19세기 부르주아 사회는 경제와 문화 그리고 정치가 하나의 총체를 이루어 자본주의를 구현했다는 역사적 사실이 사회를 사회구조와 문화의 통일체로 간주해야 한다는 생각을 뒷받침할 것이다. 그러면 한국 사회에서 무속문화가 근대화의 흐름에서도 밀려나지 않고 존속할 뿐만 아니라 사회구조 전반에까지 영향을 미치고 있다는 사실이 설명되어야 한다. 무속문화가 전통주의의 저항이 아니라, 생산구조의 합리화에도 불구하고 경제행위와 여타 삶의 실천에서도 힘을 발휘하는 요소로 작용한다는 사실이 설명되어야 한다는 것이다.

20세기 중반에 이르러 서구 자본주의에서는 대량생산과 대량소비의 부단한 순환을 통해서 경제 발전의 정신적 요인이던 금욕주의 윤리관이 파괴되고 향락에 자아가 상실되는 생활양식이 들어섰으며, 한편으로 이 쾌락주의 문화가 기복제화의 또 다른 무속의 쾌락주의와 결합하면서 한국 사회는 도덕과 규범의 무정부 상태로 전락해갔던 것이다.

자본주의 경제체제는 근면과 자제력 그리고 개인의 창의성과 자발성을 요구한다. 단순한 물욕이 경제를 움직일 수 있는 것은 아니다. 물질적 안정을 비는 무속신앙은 자본주의 운영의 합리성 원칙에 배치되며 스스로의 노력 없이 잡신에 빌기만 하면 복이 찾아오고 재앙을 막을 수 있다는 신비주의적 사고방식은 고도 생산의 전략적 사고방식의 합리성 원칙과는 상충한다. 그리고 이 무속문화의 생활 태도는 사회 성원들의 자아의식 발달을 지금까지 크게 저지해왔던 요인이기도 하다. 자연에 대한 자아의 위치를 수동적으로 남게 함으로써 무속신앙은 개인들의 자율성 신장을 억제시켰다는 것이다.

자본주의 경제학은 경제행위의 추진력으로 물욕을 강조하는 편이다. 탐욕이란 동기 없이 시장은 운영되지 않는다. 자본가나 경영인 그리고 근로자는 물질적 유인 없이 생산 의욕을 갖지 않는다. 사람들도 새로운 자극을 받지 않고서는 상품을 구입하지 않는다. 충동과 자극 그리고 이에 대한 반응은 지속적으로 일어나야 한다. 사람들이 새롭게 자극을 주는 상품을 숭배하도록 생산 체제는 조직되어야 한다. 그렇지 못할 때 자본주의는 위기에 직면한다.

상품 숭배 사회에서는 오관에 주어지지 않는 것들은 인식 대상이나 사유의 대상이 될 수 없다. 모든 것이 현세적이며, 초월적 존재는 일고의 가치도 없다. 초월적 윤리 또한 상정되지 않으며 오로지 쾌와 불쾌가 선악의 기준일 따름이다. 이와 같이 자본주의 소비문화는 삶을 복과 재앙으로 그리고 도덕을 쾌와 불쾌로 규정하는 무속문화와 친화성을 강하게 갖기 마련이었으며, 자본주의 사회가 지속되면서 외래의 상품 숭배와 토속의 물신 숭배가 결합하여 오늘날 한국 사회의 발전을 가로막는 두 축이 되어 버린 셈이다.

소비문화와 무속문화가 사회 발전의 걸림돌이 된다는 것이 정신적 요소가 역사 방향의 결정적 요인이 된다는 것을 의미한다면, 이는 곧 가치관과 도덕의식의 변화가 사회변동을 올바른 방향으로 일어나게 할 수 있다는 것을 의미한다. 그리고 이것은 의식 혁신을 통해 사회 성원들로 하여금 근대화에 부응하는 가치관과 도덕의식을 갖도록 하는 과제가 철학자들에게도 주어진다는 것을 의미한다.

사회변동에서 철학자들의 역할에 대한 논의는 지성인들의 사회참여 문제와 연관되어야 할 것이다. 17세기에 로크가 『시민정부론』을 통해 새롭게 전개되는 정치와 사회 변화에 대응해서 이론을 제시한 것처럼 그리고 독일 관념론자들이 산업혁명과 시민혁명이 몰고 온 근대화에 대응해서 사상적 대안을 보여주었듯이 이 사회의 지성인으로서 철학자들도 변혁의 이론적 대행자 역할을 맡는 것이다.

지성인 집단에 예술인들, 언론인들 그리고 학자들이 속한다. 그리고 학자들 사이에는 자연과학자들과 인문사회과학자들이 있다. 사회학자들이나 정치학자들은 적극적 사회참여를 외쳐왔다. 한편, 이론과 실천은 구별되어야 하고 학자들은 무엇보다도 전자만을 택할 뿐만 아니라 이론 형성에서 실천과 연관되는 가치판단은 전적으로 배제되어야 한다는 주장도 만만치 않다. 철학자들의 경우에도 상황은 다르지 않다. 분석철학은 가치판단을 학문 밖으로 쫓아버렸기에 실천은 전혀 관심의 대상이 될 수 없다. 다만 해석학이나 사회철학에서 이론과 실천의 통합 문제가 깊은 관심을 끌 따름이다.

그러나 과학과 기술이 인간을 미몽과 주술로부터 자유롭게 했으며, 생산력을 발달시킴으로써 인간으로 하여금 그의 잠재력을 보다 자유롭게 실현시킬 수 있는 물질적 조건을 마련해주었다는 데 경험적, 분석적 사고방식의 위대함이 인정되어야 한다. 과학 기술의 진보에 힘입어 인류는 자연을 관리해왔고 그 바탕 위에 사회적, 정치적 발전을 이룩할 수 있었다는 사실은 부인될 수 없을 것이다. 과학만으로 사회와 인간 개인의 모든 문제를 해결할 수 있다는 과학주의의 오만을 경계한다면 과학과 기술은 인간의 삶에 필수 조건이 된다. 도구적 합리성은 인간의 생존에서 그의 잠재력 실현에 이르기까지 모든 물질적 조건의 획득에 불가결의 원칙이 되어 있기에 철학은 이의 노력을 경주해야만 한다. 왜냐하면 물질적 기반 없이 자아의식의 성숙은 기대될 수 없기 때문이다.

근대성으로의 변혁을 위해서 철학이 할 수 있는 것은 무엇보다도 주체의식의 형성에 본질적인 조건을 마련하는 일이다. 자아 부재의 무속문화와 자아 상실의 소비주의문화에 휩쓸려 방향 감각을 잃은 한국 사회에서 철학은 개개인들의 자아의식 확립에 도움을 제공해야 한다는 것이다. 여기에는 통일된 유일한 이론이 존재하는 것은 아니며, 어느 한 견해가 여타의 입장들을 압도할 수 있는 것도 아니다. 여러 다양한 주장들이 나올 수 있으며 대화를 통해서 참여자들이 합의에 도달할 수 있다면 그것이 가장 이상적이다. 근래에 와서 로티R. Rorty, 아펠K. O. Apel, 하버마스J. Habermas 등이 내건 주장들이 진리의 합의설이기도 하지만 이들은 모두 상호 이해를 도모하기 위한 관심에서 생성된 해석학적 방법에 근거하고 있다는 사실에 유의해야 할 것이다.

해석학은 앞에서 언급된 바의 생활 세계에서 우리들 간의 의사소통을 가능케 하는 조건을 찾는다. 생활 세계는 우리 모두가 함께 나누고 있고 또 그것에 따라 생각하고 느끼고 행동하는 의미 기반이고 이것은 개인들을 한데 묶어주는 상호주관성을 성립시킨다. 여기서 근본 문제는 인간이 주위 세계에 부여하는 의미를 놓고, 주체로서의 인간과 그의 소산으로서 의미의 관계를 논하는 문제가 될 것이다.

의미가 인간의 소산이라고 해서 그것이 무無에서 만들어지는 것은 아니다. 그것은 어디까지나 인간이 자연을 삶의 장으로 다른 인간들과 함께 일하고 살면서 함께 만든 것이다. 이 만듦에는 개인의 주체와 다른 개인들의 주체들 그리고 자연이라는 객관 세계도 아울러 참여한다. 주체로서의 개인들은 사유와 행동으로 객관세계에 관계를 맺으면서 또는 이를 삶의 장으로 삼아 주위 사물들에 의미를 부여하거나 삶의 실천 자체에서 일어나는 것들에 대해 의미를 부여한다. 이 의미 부여가 때로는 개인들의 사적인 성격을 지니는 경우도 많지만, 그것은 상호주관적으로 모두에게 이해될 수 있는 것들이기에, 개인이나 개인들에 의해서 만들어지는 의미들은 모두가 인식 가능한 세계에 속한다.

도구적 이성은 인간의 삶의 장을 이루는 자연이란 객관세계가 그것에 의미를 부여하는 인간들 없이도 존재한다는 것을 가르쳐 왔다. 이 사실이 부인되지 않는다고 하더라도 그것에 의미를 부여하는 인간들 없이 이 세계는 무슨 소용이 있겠는가라는 반문이 나오기 마련이다. 이 세계가 주체로서의 인간에 대해서 객체로서 대립해 있다고 하더라도 그것에 노동을 가하고 그 형태를 바꾸어놓고 자신의 생각을 새겨놓는 인간 주체 없이는 그 존재 자체가 무의미하다는 것이다.

해석학이라는 철학의 분야는 의미 부여의 관계 지음을 통해서 객체에 대한 주체의 위상을 높여 놓은 셈이다. 피히테는 자유 개념을 근본화하기 위해 주체가 객체마저도 정립한다는 절대적 관념론에 의거했지만, 해석학은 주체와 객체 간의 상관관계를 상정하며 또 이것을 상호주관성으로 매개시킴으로써 유아론唯我論의 아포리아에서 벗어난다.

5 주체성과 사회의 상호주관성

    근대성으로의 이행은 사회 성원들이 주체라는 것을 자각하고 각자가 다른 주체들과의 연대에서 정치와 경제 그리고 문화 등의 모든 영역에서 삶을 영위하는 것을 목표로 한다. 해석학은 이러한 사회 발전의 방향에 이바지할 수 있고 또한 이바지해야 한다. 개인에게서 자각된 주체성이 곧 자아의식이라고 하겠다. 인류 역사의 전개 과정에서 개인들이 이 자아의식을 처음부터 지녔던 것은 아니었으나, 시대의 교체에 따라 주체성을 깨닫게 된 개인들의 수가 점차로 늘어났으며, 근세 이래 자본주의와 민주주의의 발달과 함께 개인들의 자아의식이 성숙하면서 시민사회로의 발전을 보게 했던 것이다. 여러 발전 단계를 아직 거치지 못한 채 근대사회로의 탈바꿈을 시도하는 한국 사회에서 자아의식을 성장시키기 위해 해석학적 철학이 역할을 맡아야 한다.

인간을 개체로서 그리고 주체로서 간주한다고 할 때 흔히 이 두 낱말은 동의어로 쓰인다. 물론 인간은 그가 살고 있는 세계 안에서 개체화된 존재이며 그리고 그의 주위 세계에 대해서 주체이지만, 이 상태를 그가 깨닫고 또 이에 따라 생각하고 느끼며 행동할 때 일반적으로 개체의식이거나 주체의식 또는 자아의식이 성숙되었다고 한다.

철학에서는 주체 개념을 둘러싸고 여러 견해가 대립한다. 17세기 합리론의 전통에 따라 모든 인식의 근거로서 그리고 인간적 자유의 보루로서의 주체 개념을 이어나가는 입장과 이 이름으로 상정되는 어떤 실체를 전적으로 부인하는 입장이 격렬하게 대립해왔다.[4] 이 글은 어느 입장의 편에 서는 것은 아니다. 다만 개체화된 인간의 사고와 감정 그리고 행동을 통일되게 관장하는 의식을 주체로 설정하고 이것에 대한 개인의 자각이 사회 과정에서 일어나는 현상에 해명의 무게가 주어질 것이다.

어느 시대에건 그리고 어느 사회에서건 개인들이 성장하면서 자신과 그리고 자신과는 다른 것들을 구별할 수 있게 되지만, 외부 세계와의 상관관계에서 자신이 한쪽이라는 것을 깨닫고, 정치, 경제, 문화의 영역에서 능동적인 역할을 수행하는 개인들에게서 자아의식의 성숙이 기대된다. 르네상스 시대의 화가들, 16

세기의 신교도들, 명예혁명을 주도한 부르주아 층에서 자아의식이 점진적으로 성장했으며, 이 발전 단계를 거치면서 개인의 자유, 권리 그리고 모두의 평등에 대한 사상도 정교하게 형성되어 갔던 것이다. 그러나 후기 자본주의 시대에 들어와서 개인들은 자신들이 주체이기를 멈추었다는 주장들이 나온다. 거대한 산업 조직체 안에서 개인들은 더 이상 능동적인 역할을 수행할 수 없을 뿐만 아니라 하려고 들지 않으며 주어진 체제 안에서 안정만을 추구함으로써 자신이 개체이기를 거부한다는 문명 비판도 거세게 일고 있다.[5]

오늘날 우리 사회의 발전 단계에서 본다면 자율과 책임감을 갖게 되는 성년으로 성장할 수 있는 여건이 마련되어 있지 않은 정치적, 사회적, 문화적 환경에서 개인들은 농경사회의 가치와 규범에 따라 아직도 생각하고 행동을 하는 것이 마치 대중사회에서 사람들이 주체성 없이 이리저리로 몰려다니는 것과 흡사하다. 고도 산업사회에서 개체성의 종언과 전통 사회에서 자아의식의 부재는 같은 사회적 현상을 보인다고 말할 수도 있을 것이다. 시장 지향형이나 타자 지향형의 성격과 전통 지향형의 성격은 타율적이라는 데서 같다는 것이다. 자아 상실과 자아의식의 미성숙은 자율의 부재를 가리킨다는 것이다. 현대의 대중사회에서의 자아 상실이 개인들의 주권의식 포기에 이르고 이는 곧 민주주의의 종언을 의미한다는 것과 우리 정치의 역근대화는 같은 맥락에서 논의될 수 있다는 것이다.

해석학은 개인들로 하여금 자신들의 개체성과 주체성을 회복시키거나 깨닫게 할 수 있는 철학의 한 분야다. 이것은 고도 공업사회에서는 과학과 기술의 진보로 밀려난 인간 정신의 위치를 되찾게 하며, 우리에게는 정신의 중요성을 인정케 하는 이론적 근거를 제시한다.

앞에서도 상술된 바와 같이 해석학은 인식 주체로서의 인간이 인식 객체로서의 주위 세계에 의미를 부여한다는 사실에서 인간과 세계 어느 한편의 우위성을 넘어서 양자의 대등성을 내세움으로써 이를테면 '구성적 실재론'을 택한다. 인간과 세계는 불가분리의 상관관계에 있다는 것이다. 달리 표현한다면 인식 주체와 인식 객체는 다 같이 근원적이라는 것이다.

이것과 연관해서 개인과 사회의 관계에 대해 둘 중 어느 한쪽이 우위일 수 없다는 생각이 나온다. 사회보다는 원자로서의 개인들이 존재할 뿐이라든가 또는 전체로서의 사회가 우선한다든가 하는 논쟁은 근본적으로 무의미하다는 것이다. 너 없이 나는 주체가 될 수 없는 것과 마찬가지로 나 없이 너도 주체가 될 수 없으며, 다만 너와 나는 상호주관성으로 연결되면서 각자의 주체성을 확보하게 된다면, 개인과 사회의 대립은 있을 수 없을 것이다.

서구 자본주의의 발달 과정에는 개인이 우선되는 경우가 일반적이었으나 20세기에 들어오면 경제위기를 겪는 가운데 평등이 강조되면서 고전적 개인주의도 공동체를 중시하게 되었다. 1930년대의 미국 사회가 난국을 이겨나가는 데 이와 같은 태도 변화가 주효했던 것이다. 그러나 1960년대 이래 시작된 우리의 산업화는 자본주의적 생산양식을 따르고 이어서 자유민주주의에 입각하여 정치와 사회구조를 변혁시켜 나간다는 목표를 겨냥한다고 했지만 그 과정은 소수의 권익을 도모하는 것이었을 따름이다. 자유민주주의는 개인적 자유와 사회적 평등의 조화를 일삼는 이념이지만 한국 사회에서는 정경유착에 의한 소수의 방자스러운 경제활동을 정당화하는 사회적 보수주의 구실을 십분 해냈던 것이다.

서구 자본주의의 전개에서도 시장경제가 이윤 동기로 움직여 왔고 개인적 이윤 추구가 주된 경제행위가 되어왔던 것은 분명한 사실이지만 개인적 자유와 평등 간의 균형 유지의 노력이 자본주의 존속에 가장 본질이 되어왔던 것도 분명한 사실이다. 그래서 사회철학은 이 균형 유지의 문제를 기본 과제로 삼고 있으며, 이를 둘러싼 논의는 그치지 않고 이어져나가고 있다.[6]

그러나 이 논의가 어떤 경우에도 인간의 개체성과 주체성을 전제로 해야만 의의를 갖는다는 것이 유의되어야 한다. 해석학은 외부 세계에 의미를 부여하는 나라는 자기의식을 드러낸다. 그러나 이 나는 선험주의자들이 믿는 것처럼 순수의식이 아니라 몸과 살을 지니며, 행동으로 자연과 사회 안에서 사물들과 다른 개인들과 관계를 하고 사랑도 하고 미워도 하며, 일도 하고 놀이도 즐긴다. 그러면서 그는 성장해왔다. 그의 사유는 주위 세계 안에서 겪은 경험의 지평선 위에서 움직이면서 자신과 세계를 반성하기도 하며 또한 미래를 계획하기도 한다. 이러한 모든 사유와 행동은 세계에 의미를 부여하는 주체의 사유이며 행동이다.

그리고 이 주체는 다른 주체들과의 부단한 상호작용으로 사회화된 주체이다. 후설은 자신의 선험적 주체 개념이 상호주관적이므로 유아론에서 벗어날 수 있으리라고 기대했지만, 이 상호주관성마저도 의식 안에서 구성되기 때문에 종국에는 유아론의 아포리아를 피할 수 없었다. 그의 제자 슈츠A. Schutz는 선험적 현상학이 아니라 세간적 현상학으로 자아와 다른 자아의 인식론적 문제점을 해소했다고 하는데 나와 남으로서의 다른 나에 대한 인식은 부인되기 어려울 것이다. 남을 사랑하는 나, 남을 미워하고 그와 싸움하는 나, 살아남기 위해서 남과 함께 노동하는 나, 그와 함께 놀이하는 나에 대한 자기인식과 나의 타자인식은 동시적이고, 동근원적이다. 나는 남과의 상호 관계에서 자라왔으

한국의 현실과 자아의식의 확립

며, 그리고 지금의 나가 된 것이다. 이런 까닭에 마르크스는 인간은 사회적 제 관계의 앙상블이라고 일컬었던 것이다.[7] 마르크스는 인간의 본질을 노동으로 규정하면서 인간을, 자연을 변혁하여 그 안에서 역사를 만드는 주체로 만들었지만 이 주체는 개인으로서가 아니라 사회적 주체로 존재한다. 또한 마르크스는 노동이란 실천을 통해서 인간의 유(類)는 실재할 수 있으며, 남들과의 노동을 위해서 말이 필요하게 되었다고 보았기에 언어를 '실천적 의식'이라고 불렀다.[8] '실천'은 'Praxis프락시스'이며 그 어원은 행동과 거래라는 두 뜻을 갖는데, 여기서는 후자를 가리킨다. 나와 남과의 상호 관계에 필요한 의사소통의 수단으로서 언어가 생겼으며, 인간의 실천적 이성도 이 상호 관계의 유지를 위해 형성되는 능력이다.

인간이 세계 안에서 존재하기 위해서 그는 노동으로 자연을 관리할 수 있는 도구적 이성과 남들과 함께 공동체를 이루어 함께 살기 위해 실천적 이성을 스스로 갖추어야 한다. 그러나 이 두 이성은 한 이성의 양 측면이다. 남과 함께 공동체를 이루어 함께 살기 위해서, 함께 밭을 갈고 함께 씨를 뿌리며, 함께 열매를 거두어들이면서 실천적 이성은 성숙해간다. 이 성숙과 함께 개인은 자율적이며, 책임감을 갖는 '성인'이 된다. 그렇다고 모든 사회에서 모든 개인들이 그렇게 되는 것은 아니다. 시민 문화가 형성된 곳에서 비로소 그렇게 될 수 있을 것이다. 지배와 이데올로기의 조작이 횡행하는 곳에서는 자율적이고 책임 있는 개인들이 생길 수는 없다. 따라서 이런 사회일수록 철학의 역할은 중요하다.

6 문명 비판으로서의 철학

한국 사회의 발전 단계는 전통 사회에서 짧은 공업화를 거쳐 이제는 정보화사회로 진입하고 있다. 이 과정에서 생산력이 고도로 발달하고 과학과 기술은 사회구조의 도처에서 그 영향을 보여준다. 그러나 도구적 이성의 큰 효력에 비해 정치, 사회, 문화 등 상부구조의 여러 영역에서는 아직도 전통적 가치와 규범이 사회 구성원들의 사고와 행동 양식을 규정하고 있는 형편이다. 시민 문화가 형성되어 있지 않은 여건에서 정치는 권위주의와 당쟁의 소용돌이에 휘말려 있으며, 문화는 무속에서 크게 벗어나 있지 않은 상황이다. 그리고 과학과 기술 진보에 힘입은 정보화 시대로의 이행은 이 사회를 다른 통제 체제로 묶어놓을 수 있는 전망도 보여준다.

대부분의 산업사회가 20세기 말에 이르러 정보화사회로 탈바꿈하고 있으며 한국 사회도 예외는 아니다. 과학과 기술 진보를 전제로 하는 이 사회 형태는 시민 문화가 성숙되지 않은 사회 구조에서는 개인들의 정체성을 모호하게 만들 수 있다. 커뮤니케이션 기술의 고도화가 한 단위 사회 안에서뿐 아니라 국가와 국가 간 그리고 지역과 지역 간의 관계에 심오한 변화를 가져다줄 것이며, 이미 '글로벌라이제이션globalization'이라는 현상으로 자본과 생산기술의 이동은 국경의 한계를 초월하고 있으며, 위성방송에 의한 개별 문화 간의 빈번한 상호 관계는 기존의 사회와 문화의 개념 등을 흔들어놓고 있다. 그리고 정보화의 증진은 개인들의 사적인 영역을 점점 위축시키고 있으며, 오웰G. Orwell의 『1984』에서처럼 전면적 사회통제도 가능해지는 것처럼 보인다.

그런데 권위주의 통치 형태가 그대로 존속하고 있는 이 사회에서 정치권력이나 경제 세력이 정보기술의 독점을 통해서 개인들의 사적 삶의 영역을 관리하는 잠재력을 기를 수 있는 가능성이 점점 높아만 가고 있다는 전망이 주목되어야 할 것이다. 조선조 500년의 전제정치, 일제 30여 년의 식민지 통치, 독재정치의 제1공화국 그리고 거의 30년간의 군사정권 등 일련의 권위주의 통치가 1990년대의 문민정부를 거치면서도 민주정치로 바뀌지 못하고 있다는 것은 바로 시민 문화의 형성이 아직도 어려운 여건에 있다는 것을 가리킨다. 게다가, 이러한 상황에서 이 사회가 사이버 시대로 이행하게 됨으로써 일어날 수 있는 일들은 결코 희망적인 것으로 보기 힘들 것이다.

군사정권의 개발독재로 경제성장이 어느 정도 궤도에 오르면서 '유교 자본주의'라는 미명 아래 구미 자본주의 못지않은 효율성을 인정받은 경제체제가 근래에 와서 그 한계를 드러내기 시작한 것은 다름 아니라 자본주의가 자유경쟁의 시장원리와 일치하지 않을 때 예견될 수 있었던 결과라는 자성이 일기도 했지만, 이 사회 내의 지배적인 입장은 가부장적 기업 운영이 한국 사회에 가장 적절한 경제 형태라는 것이며, 경제학자들을 비롯하여 사회과학자들 그리고 철학자들도 전통주의자들에게 힘을 보태주고 있는 실정이다. 이것은 분명히 근대화되어 있지 않은 사회에서 학계가 기존의 정치와 경제의 여러 세력으로부터 스스로를 차별화할 수 있는 지적 역량을 갖추고 있지 못하다는 것을 잘 입증해준다.

철학은 기성 문화에 대한 반문화가 될 수 있어야 한다. 전통 사회에서 벗어나 짧은 산업화 단계를 밟으면서 그리고 전면 관리라는 사이버 사회로의 진입을 앞에 두고, 개인들의 자기 정체성은 확립되지도 못한 채 그리고 개인과 사회 간의 관계가 정립도 되지 못한 채 이 사회는 혼돈의 소용돌이에 휘말려 있다. 이 상황에서 철학자들은 새로운 감성으로 새로운 시각으로 이 사회의 발전 방향을 모색하는 데 전념하는 것이 바람직하다고 말할수 있을 것이다.

오늘날은 사이버 시대라고 한다. 사이버는 기술 진보가 이룩한 것이다. 사이버는 우리의 생활 세계를 구성할 것이다. 우리의 가장 원초적인 삶의 양식은 더 이상 과학 이전의 것도 될 수 없게 되고 과학 지식의 향상으로 날로 앞서가는 기술에 의해 거의 규정된다고 하겠다. 도구는 인간의 목적 달성을 위한 수단이라고 여겨왔지만 지금은 그의 신체 일부가 되어버렸다. 인간과 그의 주위 세계와의 관계 맺음에서 도구는 인식 주체를 이루어 객체에 대해 인식 작용을 한다. 이것은 도구가 인식 주체에 의해 육화됨을 의미한다.[9] 도구가 인간과 분리되어 있는 것이 아니라 이둘이 결합해서 세계와 관계한다는 것이다. 도구가 세계에 속하지 않고 인식하는 주체로서의 인간과 함께한다는 것이다.

기술 진보는 인간으로 하여금 세계 경험의 폭과 깊이를 증가시킨다. 이렇게 해서 하이데거M. Heidegger가 가리키는 것처럼 기술은 진리를 드러내는 것이 되며, 세계를 우리에게 밝혀준다.[10] 재래의 인식론은 우리의 감각기관을 통해 이루어지는 세계 경험을 출발점으로 해서 대상 인식을 설명했다고 하면, 이제는 도구 사용에 의해서 일어나는 인식 과정이 인식론의 과제가 될 것이다.

우리의 세계 경험에 끼치는 기술의 영향은 한 사회의 문화적 변화에 결정적으로 작용할 수 있을 것이다. 기술 발달로 가상공간cyber space이 열리고 가상현실virtual reality이 또 하나의 현실로 경험되는 상황에서 과학과 기술이 인간에게 어떤 의미를 가질 수 있느냐의 문제는 철학의 큰 몫이 되지 않을 수 없다.

마르크스는 인간의 본질을 노동으로 정의했으며 사회는 노동으로 만들어진 상품으로 가득하다고 했다. 그러나 오늘에 와서 이 노동은 기술에 의해 대치되고 인간의 본질은 기술 자체로 다시 정의되어야 할 지경에 이르렀다. 우리를 둘러싸고 있는 세계는 기술 진보에 따라 끊임없이 변하며, 그것은 끊임없이 새로운 모습을 드러낸다. 노동이 인간을 자연으로부터 자유롭게 했던 때보다는 지금의 고도 기술이 이 자유와 잠재력의 무한함을 과시하는 것처럼 보인다.

프랑크푸르트학파의 비판 이론가들은 일찍부터 생산력으로서의 기술이 상부구조에 끼치고 또 끼칠 수 있는 영향에 대한 분석을 내렸다. 마르쿠제H. Marcuse는 기술은 생산양식의 한 형태이지만 이것이 사회적 관계를 조직하며, 지배적 사상과 행동적 양태의 특징까지도 규정함으로써 사회통제의 도구가 될 수 있다는 가능성을 간파하기도 했다.[11] 비판 이론가들은 도구적 이성이니 기술적 이성이니 하는 개념들을 통해 자본주의 경제가 참과 거짓, 선과 악을 구분할 수 있는 실천적 이성을 마비시켰다고 단정하여, 그것의 재확립으로 인간 회복이 실현될 수 있다고 믿었다. 그들은 기술 지배로 서구의 시민사회가 통제되고 개인들의 자율성이 날로 위축되어 사회가 재봉건화되고 있다고 개탄했다.

한국 사회는 시민사회로 발전해나가기 이전에 기술에 의한 관리 체제가 드러나면서 사람들의 정체성과 자율성이 성장하지 못한 채 기술 지배의 사회가 되어가는 국면에 놓이게 되었다. 밤낮으로 가상공간 안에서 일과를 보내는 젊은 직장인들에게 삶의 의미는 기술의 합리성을 추구하는 것이 되어버리고 그들에게는 조직화되고 통제된 가상공간 안에서 그 질서의 규칙에 따라 사유하고 행동하는 것이 체제 적응의 생활양식이 될 것이다.

가상공간은 우리가 일상적으로 접하는 물리적 장이 아니다. 그 안에서 움직이는 것들은 우리가 시각과 촉각 그리고 후각으로 경험하는 사물들과는 다르다. 그러나 그것들은 그 나름대로 현실성을 지닌다. 이 가상공간은 앞으로 우리 모두의 삶과 관련될 것이다.[12] 가상공간의 힘은 날로 증대해가며 그것은 인간을 자유롭게도 하며 또 그 자유를 억압하고 그것을 조종할 것임에는 의심의 여지가 없다. 이 힘은 문화와 정치 그리고 경제를 구조화하면서 인간이 어떻게 살아야 하는지를 정해줄 것이다.

이와 같이 가상공간은 현대와 미래 사회에서 점진적으로 중요

한국의 현실과 자아의식의 확립

한 문제로 나타날 것이다. 그러나 이에 관한 사회과학적 분석과 철학적 반성이 학계에서 행해지는 예가 그리 많지 않다. 인터넷을 통해서 창출되는 사이버 사회 그리고 집단의식, 개인과 사회의 관계 등 여러 문제가 제기될 수 있으며, 철학은 이것들에 대응할 수 있어야 한다. 존재론, 인식론, 윤리학 등의 분야는 인공 세계의 존재 양식을 이해하고 도구를 육화시킨 인간의 인식능력의 범위와 그 한계를 설명하고 기술 지배의 문화에서 인간이 값지게 여겨야 할 것들은 무엇인가에 대한 해답을 제시할 수 있어야 한다.

이 같은 여러 물음에 응답하기 위해서도 우선 밝혀져야 할 과제들 가운데 하나는 도구적 이성과 실천적 이성을 둘러싼 논의일 것이다. 서양철학사에서 이성 개념은 그 나름대로 표기와 의미의 변천을 통해 지금에 이르렀다. 비판 이론가들은 자본주의 비판과 연관시켜 과학과 기술을 다루는 능력을 도구적 이성이라 했고 인간의 사회생활의 규범을 깨닫는 능력을 실천적 이성으로 일컬었으나, 앞서 언급한 바와 같이, 사실 이 두 이성은 한 이성의 양면일 따름이다. 인간이 생존하기 위해서 황무지를 일구어 밭을 갈아 씨를 뿌려 곡식을 거두어들이는 일, 바로 이 노동은 도구를 필요로 하고, 보다 큰 규모의 노동은 보다 편리한 도구의 발달을 요구하게 되면서 자연 지식도 발달하게 되고 따라서 인간의 사고 능력도 향상하고 이어서 도구적 이성은 자연 관리에 합당해졌던 것이다.

인간이 자연 관리를 위해 다른 인간과의 협력을 필요로 하게 되고 개인적 노동이 사회적 노동으로 넓어져가면서 집단생활의 질서가 마련되어야 하는 데서 언어가 발달하고 개인과 개인 간의 상호 관계를 규정짓는 규범이 불가피해졌으며 이러한 모든 과정에서 실천적 이성이 성숙해갔던 것이다. 도구적 이성에 의한 자연 관리는 이처럼 인간의 협동을 전제함으로써 필연적으로 실천이성이 될 수밖에 없다는 것이다. 인간 생존은 자연 지배를 필요로 하며, 또 자연 지배는 사회적 노동을 필요로 한다. 그리고 개인들의 협동은 성숙된 실천이성에 의해서 지배되어야 한다는 것이다.

그러나 시민 문화가 결여된 사회에서 실천이성이 확립되기란 그리 쉽지 않다. 기술에 의한 자연 지배에서 사회 지배로의 이행 속에서 오히려 사회의 원자화를 심화시킬 수 있는 위험이 크게 도사린다. 가상공간 안에서 움직이는 가상의 개인들 사이의 관계는 이것이 어디까지나 가상의 사회적 관계라고 하더라도 하나의 엄연한 현실이 된다. 그리고 일상생활 안에서 개인과 개인 사이의 실제적 상호 관계에서 형성되는 나와 너의 동일성과는 다른 자아와 타아의 의식이 가상공간 안에서 생길 수 있게 된다. 그리하여 철학은 그 반성적 사념을 통해서 이를 그 중요한 과제로 삼을 수 있어야 할 것이다.

특히 인터넷에 의해서 창출되는 가상공간에서는 어느 한 세력에 의해서 정보가 독점되지 않고 분산되면서 사회 성원들을 서로로부터 분리시키고 또 이것이 인간의 개체화가 아니라 원자화를 결과하며 공동체의 유지를 불가능하게 만들 수도 있을 것이다. 이와 같은 상황 전개를 저지할 수 있는 처방이 여기서 당장 나온다는 것은 아니다. 그러나 분명한 것은 기술에 의한 사회 지배가 인간을 희생시키도록 해서는 안 된다는 것과 또 인간에 의한 기술 진보의 통제가 앞서야 한다는 것이다. 그러기 위해서는 시민 문화가 확립되어야 하며 철학은 이에 이바지할 수 있어야만 한다.

사이버 시대라고 해서 사회 전체가 인터넷으로 덮인다는 것은 물론 아니다. 문제는 사회 성원들 가운데 주요한 계층과 집단들이 정치과정에서 의사 결정에 참여할 수 있는 자질을 갖추기 위해 기술의 통제를 받는다는 데 있다. 가상공간 안에서 일과를 보내는 직업인들, 사무원들, 대학인들 그리고 언론인들과 같은 중산층이 시민사회의 중추가 되고 이들이 시민 문화를 육성해나갈 수 있는 잠재력을 지니고 있다고 하더라도, 다시 말해서 산업화와 도시화에 의한 사회구조의 분화로 이들이 어느 계층보다도 개체성과 자아의식을 갖출 수 있다고 하더라도 그들이 날로 증대해 가는 사이버 세계의 영향권 안으로 휘말려 들어가고 있는 마당에 사회통제의 형태를 띠는 기술 지배의 본질을 파헤치고 처방을 내리는 기술철학의 중요성이 널리 인지되어야 할 것이다.

20세기 말에 이르러 우리 사회가 전통에서 벗어나 마침내 근대로 옮겨가는 순간에 도래한 사이버 시대는 사회 내의 모든 근대화 과정을 난국에 빠트린다. 철학의 과제는 이 상황의 직시일 것이며, 개인들의 자기 정체성을 확정시키는 데 일익을 다할 수 있어야 할 것이다. 로크의 경험론과 데카르트의 합리론 그리고 선험론과 변증법은 모두가 근대성의 확립을 위한 사상 체계였다면, 이 사회에서의 철학함도 그 과업을 수행하는 것이다. 그리고 이렇게 될 때 철학은 비로소 '우리 철학'이 될 것이다.

사이버 시대에서는 어느 특정 민족의 전통 사상 안에서 세계관이나 사회관이 형성될 수 있는 것은 아니다. 다문화성이 강조된다는 것은 개별적인 특수 문화의 경계선이 허물어졌다는 것이다. 서울과 뉴욕 그리고 파리 그리고 뉴델리에서 일어나는 일들이 이 지구의 방방곡곡마다 동시에 알려지게 되는 통신 시설의 발달은 처음에는 이질적이지만 점차로 친숙해지는 다문화 간의 공존을 허용할 뿐만 아니라 이들 간의 상호 교류로 인하여 초개별 문화가 동과 서 그리고 남과 북의 여러 사회에 형성되며, 이

한국의 현실과 자아의식의 확립

지구상의 이민족 간의 문화적 통약성通約性을 성립시킨다. 그리고 사람들이 공동으로 개념들을 사유하고 인터넷으로 의사소통함으로써 사유의 유사성을 증진하리라고 기대된다.

따라서 '우리 철학'은 어떤 전통적 사유 양식을 전제로 하여 그 논리에 따라 사념하는 것이 되어서는 안 된다. 또 그렇게 될 수도 없을 뿐 아니라 이 사회에서의 철학함은 보다 보편적인 사유 양식에서 자아에 대한 성찰과, 개인과 사회의 관계 그리고 개인과 세계의 관계에 대해 우리가 놓인 상황에서의 성찰이 되어야 할 것이다.

근대성과 자아의식

1   Guenter Dux, "Die ontogenetische and historische Entwicklung des Geistes," Dux ed., *Der Prozess der Geistesgeschichte*(Frankfurt: Suhrkamp, 1993), p.173.

2   차인석, 「전통 사상의 현대화에 관한 연구」, 한국정신문화연구원 편, 《연구논총》 82-2, pp.22~23.

3   Daniel Bell, *The Coming of Post-Industrial Society*(New York: Basic Books, 1973), pp.475~477.

4   Konrad Cramer 외 편, *Theorie der Subjektivität*(Frankfurt: Suhrkamp, 1987) 참조.

5   M. Landmann, *Das Ende des Individuums*(Stuttgart: Kleft, 1971), pp.115~130 참조.

6   존 롤스(John Rawls)의 *A Theory of Justice*(1971)에 이어 그의 *Political Liberalism*(1993)을 중심으로 벌어지고 있는 논쟁이 그 대표적 예가 될 것이다.

7   K. Marx, *Thesen ueber Feuerbach*, 6. These, Marx-Engels Werke Bd.3(Berlin: Dietz, 1978), p.6.

8   Marx, *Die deutsche Ideologie*, Marx-Engels Werke Bd.3(Berlin: Dietz, 1978), p.30.

9   Don Ihde, *Technics and Praxis*(Dordrecht: Reidel, 1979) 참조.

10   M. Heidegger, "Die Frage nach der Technik," *Vortraege und Aufsaetze*(Pfullingen: Neske), pp.13~15.

11   H. Marcuse, "Some Social Implications of Modern Technology," *The Essential Frankfurt School*, ed. by A. Arato & E. Gebhardt(New York: Continuum, 1988), pp.138~139.

12   Tim Jordan, *Cyberpower*(London: Routledge, 1999), p.1ff.

한국의 현실과 자아의식의 확립

삶의
양식으로서의
철학

1 인간의 자기해방과 철학사의 내적 일관성

철학이 그동안 제기했던 물음들은 수없이 많았다. 그러나 세월이 흐르면서 철학은 여러 학문들에 많은 것을 양보하면서 많은 것을 잃기도 했으며, 근래에 와서는 철학이 아직도 필요한가라는 말이 나오기까지 한다. 철학의 종언에 대해서도 여러 가지 논의가 있지만, 철학이 할 수 있는 역할에 관해 많은 견해가 여전히 제시되고 있음은 분명하다. 그럼에도 철학이 끝까지 버릴 수 없는 것은 인간이 어떻게 살아야 하는가라는 물음에 대한 해답을 찾는 일이다. 이러한 진술이 물론 진부하기 그지없겠지만 사실임에는 틀림없다. 다른 학문들도 인간이 무엇인가를, 그를 둘러싼 자연이나 그가 살고 있는 사회와의 관계에서 고려한다. 그렇지만 삶의 의미를 올바르게 다룰 수 있는 것은 아마도 철학이

삶의 양식으로서의 철학

될 것이다.

인간이 어떻게 살아야 하는가에 대해서는 철학사가 보여주듯이 시원한 답이 그리 많지 않다. 그러나 시대마다 주어진 여건에 맞추어 철인들과 사상가들은 그들의 생각을 펴왔으며, 어떤 사상은 오늘에 이르러 새로운 해석을 통해 그 의의를 다시 갖는다. 데카르트에서 칸트, 헤겔에서 마르크스 그리고 후설에서 사르트르에 이르기까지 다양한 근현대철학 사상만 하더라도 재해석에 의해 그 맥을 이어나간다. 사실 '인간의 삶'에 대해서 위대한 철학가들이 할 말은 다했다고 할 수 있으며, 이제 남은 것은 '인간다운 삶'을 논하는 사상들을 어떻게 실천에 옮기는가다.

철학은 삶과 세계에 대한 사유의 한 양식이며, 비록 철학자들이 할 수 있는 것이 극히 한정되고 적은 것이라고 하겠지만, 인간이 끊임없이 삶의 의미를 찾는 한 이것에 대하여 철학자들이 보다 깊게 사색하는 역할이 요청되는 것이다. 옛 사상들이 아무리 고전이어도 그것들이 언제나 옳은 것은 아니다. 왜냐하면 시대의 변화는 전적으로 다른 사유 양식을 요구하고 철학적 사유도 현실의 삶 안에서 일어나기 때문이다. 사유는 인간과 그의 현실 세계를 매개한다. 철학은 이 사유를 분명하게 한다. 세계 안에서 인간의 존재 양식을 밝혀주며 그가 어떻게 현실에 관계해야 하는가라는 삶의 실천 방향을 가르친다. 그렇기 때문에 철학은 처음부터 현실 철학일 수밖에 없다는 주장이 끊이지 않는다.

그런데 삶은 홀로 있는 개인들의 삶이 아니라 그들이 모여 서로 관계를 맺는 가운데서의 삶이다. 인간의 현실과 세계는 사회적 현실이고, 사회적 세계이며, 철학도 사회적 철학이 된다. 사회적 철학은 자연철학이나 역사철학처럼 철학의 특수한 연구 영역이 아니라, 사회적 관계 안에서의 사유를 가리킨다. 일반적으로 사회적 관계는, 개인들이 모여 가정과 공동체를 꾸리고 더 나아가서 국가를 세워 상호작용하는 관계이다. 개인들의 일상적 사유가 이 관계 안에서 진행될 뿐만 아니라, 철학자들의 사념도 이들 안에서 이루어지기 때문에 철학이라는 사유를 사회적 행위라고까지 부를 수 있는 것이다.

사회적 행위로서의 철학 개념은 사유 주체의 의식을 사회적인 것으로 간주한다. 의식은 인간이 사회 내에 존재함과 무관하게 설명될 수 있는 것은 아니다. 의식은 그 주체가 사회적 삶에서 겪는 체험을 통해 그 내용을 충만시킨다는 것에 발달심리학이나 해석학에서 이의를 제기하지 않을 것이다. 의식은 역사적이다. 그것은 흐름이며 지난 경험들을 지탱시키고 다음 순간으로 부단히 밀고 나가며 매번 새로워지는 흐름이다. 이와 같은 특성과 함께 의식은 경험에 비추어 현실을 인식하며 또한 새 지평에 열려 있기도 하다. 이전의 생각들은 새로운 체험에 더는 어울리지 않게 받아들여지기 쉽지만 그대로 간직되기 마련이다.

철학은 삶의 실천에서 일어난다. 보통 사람이 일상생활에서 던지는 물음과 훈련된 철학자의 물음 사이에 근본적인 차이가 있는 것은 아니며, 또한 있어서도 안 될 것이다. 둘 사이의 차이란 개념화의 정도일 것이다. 후자의 이론적 반성은, 전자가 삶의 실천에서 당면 문제들을 직면하고 생각하는 지평의 연속선상에서 행해지고 행해져야 한다. 보통 사람은 삶에 대한 바람과 그가 갈망하는 이상을 현실에서 생각해낸다. 철학은 일상적 반성에서 나온다. 보통 사람은 삶의 이상과 사회의 목표에 대해서 묻는다. 그들은 정의가 무엇이며 개인적 자유의 한계가 무엇인지에 대해서 묻고, 또한 그들은 인간의 지식의 한계에 대해서도 묻는다. 그리고 철학자는 이 일상적 사념과는 근본적으로 다른 그 무엇을 고안하는 것이 아니라 이를 바탕으로 명료하고 철저한 이론 형성을 시도한다. 철학은 일상생활에서 그 기동력을 얻는다. 그렇지 않을 때 그것은 공허한 관념일 따름이다. 철학사의 위대한 철학가들이 기억되는 것은 그들의 사상과 세계관이 그들이 살았던 시대의 정신을 비추었고 그것에 상응해서 의미를 밝히려고 노력했기 때문이다.

철학은 시대 변화에 따라 새로운 사념들로 갈라져 나감으로써 철학 자체에 대한 회의를 끊임없이 불러일으키기도 한다. 철학사는 이를 잘 확인시켜준다고 말할 수 있으며, 또 이것이 당연한지도 모른다. 같은 물음이라도 시대의 변화는 새로운 답을 낳게 한다. 그래서 철학에 대해 회의를 갖도록 하는지도 모른다. 그러나 온갖 혼동에도 불구하고 철학이 인류 역사의 전개 과정에서 인간의 삶을 보다 자유롭고 평등하게 만드는 데 기여해왔다는 사실에 우리는 눈을 돌려야 한다.

다양한 철학 사상들이 그 역사성으로 인해 각기 요청되는 보편타당성에 모순된다고 하더라도 철학사 전체를 통해서 보면 각시대마다 형성된 사상들 간에 연관성이 있으며 이것들이 일정한 방향을 갖고 있다는 것을 알 수 있다. 피히테의 관념론과 그가 독단론으로 몰아세웠던 유물론은 프랑스혁명의 이념들 가운데 하나였던 자유의 기원을 설명하려고 시도했다. 그리고 지난 1960년대에 비판적 합리론과 비판 이론은 방법론 논쟁을 일으킴으로써 상호 대립하는 철학 체계로 여겨졌지만 이 양대 이론은 20세기 전체주의에 대한 대응으로서 인간 해방의 도정에 불가결한 역할을 수행했다.

의식의 역사성은 어느 철학 체계의 보편타당성에 대한 믿음도 파괴한다고 한다. 그러나 역사의 진전이 인간의 자기해방이라고 한다면 철학사의 내적 일관성은 여기에서 찾아져야 할 것이다. 지금까지의 세계사는 분명히 인간이 자유롭게 되려는 의지의 구현이라고 하겠다. 인간은 왜 자유로워지려고 하는가? 이 물음은 이데올로기 시대가 종식되고 과학·기술시대가 그 절정에 다다르는 이 시점에서도 보통 사람과 철학자가 꼭 풀어야 할 물음들 가운데 하나로 남는다.

남아프리카 흑인들에 의한 자주독립은 인류 역사의 찬란한 성취이며 이를 계기로 자유와 인권의 이념은 이제 그 보편타당성에 대한 도전을 면할 수 있게 되었다. 그러나 인간이 왜 자유롭게 되려고 하는가에 대한 해명들은 다양하다. 보통 사람들 대부분이 자유와 인권을 믿기에 이르렀다. 더구나 그들은 왜 모든 사람이 자유와 생명의 권리를 향유해야 하는가에 대한 나름의 생각을 편다. 그러나 이것을 해명의 근거로 삼기에는 명료함과 철저함이 결여되어 있다. 철학자는 자유와 인권과 같은 이념들의 의미 변천을 설명해주고 그것들이 보편성을 지니게 된 까닭을 밝혀준다. 이렇게 함으로써 보통 사람들과 철학자들은 인간 해방을 향한 반려자의 도정을 걷게 된다.

시대마다 자유와 권리를 누릴 수 있는 이들의 폭이 다르겠으나, 인류 역사는 그 폭이 점점 커져간다는 것을 명백히 증명한다. 플라톤은 한정된 수의 계층을 지칭했던 반면에 아리스토텔레스는 중산층 이상 집단의 권리를 인정했지만, 이들은 모두 도시국가라는 유기체 안에서 개인적 자아실현의 자유를 내세웠다. 중세는 귀족들의 권리 헌장이란 대 전기를 겪었으나 농노 계층의 자유는 허용되지 않았던 암울한 긴 세월을 거듭했다. 근세에 와서 자유와 권리의 향유자 수는 늘어났고 시민사회도 형성되었지만 그래도 서민 계층은 정치, 경제, 문화의 영역에서 소외되었다. 그러나 20세기 산업사회에 이르러 다수의 평민들도 상류사회의 물질적 편의와 고급문화를 같이 누리면서 개인들의 잠재력을 길러 자아실현을 달성할 수 있는 계기를 얻게 되었다. 그러나 이들이 비록 선거권을 보장받는다고 해서 자유로워졌다고 말할 수 있을까?

인간다운 삶이란 다름 아닌 바로 개개인의 자아실현이 가능한 삶을 가리키며, 철학은 이 삶의 영위가 소수집단에만 허용되는 것이 아니라 가능한 한 많은 집단에서 그러한 실현이 이룩될 수 있도록 이론을 모색한다. 또한 그 이론은 가능한 많은 사회가 용인할 수 있도록 어느 정도의 일반성을 갖추어야 할 것이나 이것이 그리 쉽게 얻어질 수 있는 것만도 아니다. 그러나 역사가 인간해방이라는 보편적 목표를 향해 진행한다면 철학도 자유와 권리라는 보편적 이념들의 실현이라는 역할을 다해야 할 것이다.

인간의 삶이란 무엇인가? 그리고 인간다운 삶이란 무엇인가? 개별 학문은 저마다 인간이 지니는 여러 측면들을 보여준다. 철학이 속한다는 인문학의 한정된 범위 안에서도 몇 가지가 열거

119

삶의 양식으로서의 철학

될 수 있을 것이다. 인간의 정신은 종교, 예술, 정치 등으로 객체화된다거나, 인간은 있는 것을 바꾸어 전혀 새로운 것을 만들어낸다는 것 등이다. 이것을 인간의 창조력과 변용력이라고 한다. 이 힘은 인간을 부단히 새롭게 만든다. 주위에 있는 것들을 다른 형태로 바꾸어놓음으로써 인간은 자신을 바꾼다. 이것이 인간의 자기 생성이다. 그는 창조력과 변용력을 통해 자신과 자신 밖의 세계와 관계를 갖는다. 이 관계가 그의 본질을 이룬다.

인간의 주위 세계와의 관계는 사유에 의해서 매개된다. 사유는 지식을 만든다. 이 지식은 자연과 사회에 관련된다. 인간은 자연을 관리하면서 생존 수단을 획득한다. 사회는 인간이 다른 인간과 공존하는 양식이며, 그 안에서 인간은 삶을 이어나간다. 사회 안에서 태어나고 그 안에서 자라서 그 안에서 살며 그리고 끝을 맺는 것이 인간이다. 사회는 인간의 생존 형태이다. 그와 주위 세계와의 관계는 언제나 이 공존 양식을 통해서 일어난다.

이 공존 양식은 모든 변화에도 불구하고 기본 형태를 갖춘다. 앞에서 언급된 바와 같이 철학이 사회적 관계에서 일어난다는 것은 이 기본적 공존 양식을 통해서 모든 사유 작용이 진행한다는 것을 뜻한다. 이 공존이 사회적 현실이며, 철학은 이것으로부터 분리되어 생겨나는 사유가 아니다. 인간과 주위 세계를 매개하는 사유는 이 공존 양식을 통한다. 인간은 사랑이나 증오를 통해서 다른 개인과 관계를 맺는다. 사랑은 가정을 꾸미고 나아가 공동체를 형성한다. 증오는 공동체를 갈등과 대립으로 분열시키고 종국에는 승자와 패자로 나누어 지배와 복종의 질서를 만든다. 그리고 지배 질서는 제도와 문화 등으로 구현되는 개인들의 창조력과 변용력을 억제함으로써 자아실현의 가능성을 막아버린다. 그러나 인간은 자신의 본래적인 창조력을 되찾으려는 욕망이 있으며 이는 그로 하여금 외부로부터의 강압에 저항하게 하고 지배 질서로부터 자기해방을 꾀하도록 이끈다. 자기해방은 인간의 사회적 연관으로부터의 해방이 아니라, 자아실현의 공동체로의 회귀이다. 그것은 사랑과 상호인정으로 개인들이 성장하고 도약하도록 서로 도와주는 공동체의 건설을 향한 해방이다.

인간의 창조력과 변용력은 노동이라는 행위에 의해서 발휘된다. 노동에서 인간은 처음으로 자아실현의 자유를 만끽한다. 인류 역사의 초기부터 인간이 자유의 의미를 깨닫게 된 것은, 그가 바로 이 노동으로 자연에서 자신을 분리시켰기 때문이다. 그리고 인간은 밭을 갈고 씨를 뿌려 굶주림과 헐벗음으로부터 스스로를 자유롭게 하고 자신의 뜻에 맞추어 자연 대상을 변형하고 자신의 모습을 그 안에서 들여다본다. 또한 인간은 스스로 있는 자연을 자기 것으로 삼음으로써 정복의 희열을 느낀다. 이것이 창조라는 자유다. 노동은 자연 안에 없는 것을 생기게 한다. 노동은 인간이 자기 보존을 위해 일하는 것 이상의 의미를 가진다. 자연에 없는 것을 만들어냄으로써 자신의 모습을 그 안에 새긴다. 이것이 인간에 의한 자연의 전유라고 한다. 인간은 자연의 일부일지라도 그만이 그것으로부터 벗어 나와 그것을 자기 것으로 삼을 수 있다.

사랑으로 남녀가 함께 가정을 꾸미고 가정과 가정이 합쳐 공동체로 뭉친다. 그리고 공동체와 공동체가 도시와 촌락으로 넓혀지고 국가 형태로 확대해나감으로써 자기 보존의 필연성은 자연에 없던 것을 인간으로 하여금 만들도록 한다. 국가는 인간의 삶이 그 안에서 영위되는 여러 제도들이 들어서 있는 장이다. 그것은 여러 제도들과 병존하는 것이 아니다. 모든 제도의 장으로서 국가의 형태가 중요하다. 왜냐하면 국가 형태의 변화에 인간 해방을 향한 인류 역사의 발전이 달렸기 때문이다. 자연에 없는 것을 만드는 일이 문화라고 한다면, 이것은 인간으로 하여금 강압 없이 노동할 수 있는 질서 아래서 자아실현을 달성케 하는 것이며, 또 이럴 때 역사는 진보한다고 일컬어질 것이다. 플라톤의 『폴리테이아_Politeia_』, 아리스토텔레스의 『폴리티카_Politica_』, 아우구스티누스의 『신국론』, 홉스의 『리바이어던_Leviathan_』, 로크의 『시민정부론』 그리고 헤겔의 『법철학』 등은 모두 개인들의 자유와 권리의 범위를 설명해주는 사상들이며 이 저서들 간의 비교는 국가 형태

근대성과 자아의식

를 둘러싼 철학적 사념의 변화 과정과 자유를 향한 인류의 도정이 어떻게 이념들로 현현되었는가를 명쾌하게 보여줄 것이다.

고래로 국가는 삶이 영위되는 모든 제도의 장이며, 그 안에서 사랑과 증오, 노동과 지배가 서로 얽힌다. 그것은 인간 공존의 장이기도 하다. 사랑과 증오는 개인과 개인을, 집단과 집단을 뭉치게 하고 나뉘게 하는 인간의 공존 형태이다. 증오와 갈등은 지배와 복종의 질서를 낳는다. 대부분의 국가 형태는 이 질서를 갖추어왔으며, 지배자들은 그 질서 유지를 도모케 하는 구실들을 엮어 통치 이념으로 제시해왔고, 이는 노동의 성격을 규정지었다. 중세의 농노들에게 노동은 문자 그대로 '애써 움직임[勞動]'이었다. 그것은 고통 자체였다. 그러나 16세기에 이르러 신교도들에게 노동은 자기 성취와 영혼 구원의 길이었으며, 17세기 부르주아 층에게는 소유의 정당성 근거가 되었다. 그리고 19세기의 많은 보통 사람들에게 노동은 자아실현의 한 형태로 받아들여졌던 것이다. 지금에 와서 노동은 인간의 역사적 행위로 넓게 간주되어가고 있는 셈이다.

인간은 노동에 의해 자연이 부과하는 제약으로부터 자유로워진다. 그들은 나무를 깎고 말려 악기를 만들어 자연에 없는 선율을 엮어낸다. 그는 면포 위에 아름다운 자연의 모습을 그 나름대로 옮겨놓기도 한다. 그는 흙을 빚어 상을 만들어 더 이상 곁에

삶의 양식으로서의 철학

없는 이들의 모습을 간직한다. 인간은 노동에서 자신의 창조적 힘을 느낀다. 노동은 이미 있는 것을 다른 것으로 바꾸어놓는 원인이다. 그것은 변화의 힘이다. 노동은 인간적 자유를 확정해준다. 그것은 그 변화의 힘으로 역사를 일어나게 하며, 이 역사는 그가 보다 자유롭게 되어가는 과정이 된다.

노동은 황무지를 개간하여 문화를 생산한다. 인간의 손이 닿자 황무지에 역사가 시작된다. 문화는 역사 그 자체이며, 역사는 노동에 의해 만들어진다. 인간이 문화와 역사를 자아실현의 소산으로 할 때 그의 영혼, 상상력 그리고 의지는 강압이 없는 사회질서를 객관적 여건으로 만들어야 한다. 근세 이래 시민들과 철학자들은 그 가능성을 둘러싸고 이론과 실천의 문제를 다루어왔던 것도 사실이다. '바스티유로의 노도'는 자유와 권리에 대해 넘치는 충동을 일으켰으며, 그 혁명이 비록 예기치 못했던 비극을 초래했지만 인류 역사를 앞으로 밀고 갔던 것은 부인할 수 없을 것이다.

자유와 권리에 대한 욕구는 인간에게 본래적이지만 선사시대의 원시인들에게 있어서 자연과의 행복한 조화로 그러한 욕구는 수면 상태에 머물러 있었다. 그리고 인간이 자연으로부터 자립해가는 자유의 기나긴 도정을 시작하면서 자유의 자기 이해와 오해, 그 승리와 패배의 역사 또한 무한해졌다. 그러나 잠에서 깨어난 자유와 권리의 욕망은 억압될 수 있을지언정 다시는 잠재울 수 없는 것이었다. '바스티유로의 노도'는 되풀이되며 이에 따라 역사의 전진을 저지하려는 세력의 등장도 되풀이된다. 그러나 인류 역사는 온갖 우여곡절에도 지금까지 전진을 멈추지 않았다.

삶의 양식으로서의 철학

2

과학과 기술
인간의 존재 양식

그리스 전통을 이어 나가는 철학은 이성 개념으로서의 국가론을 펴왔다. 플라톤의 『폴리테이아』는 철인왕이 들어설 때 인간 사회의 비참은 종식된다고 했다. 이성이 이상적 국가 질서를 고안한다는 것이다. 이성국가의 건설은 우주적 이성과 일치하는 것이었다. 근세의 철학도 사회 질서와 그 안에서 인간의 삶을 이성의 보편적 원리에 일치시켜 설명했다. 그러나 계몽철학은 이성의 개념을 확장함으로써 인간의 자기 보존 능력인 도구적 이성을 바탕으로 인간의 본성과 이에 걸맞은 사회 형태를 고안해냈다. 산업혁명 이래 과학과 기술의 진보가 종래의 사유 양식을 바꾸어놓은 것이다. 이에 관념론과 실존주의는 인간의 자유를 설명하는 주체성 개념의 정립을 통해 대응했던 것이다.

모든 시대는 변화의 문턱에서 제각기 위기를 맞는다. 현대도 예외는 아니다. 그 상황의 원인은 무수하겠지만, 인간의 주체성 상실을 주요한 결정 요인으로 삼는 경향이 있다. 20세기 전반의 유럽 실존주의자들과 비판 이론가들도 산업화와 고도 생산을 가능케 하는 과학과 기술의 진보가 탈인간화라는 문명의 위기를 수반했다고 말한다. 독일 관념론자들도 이를 염려했고 베버는 세계의 합리화 운명을 진단하면서 어느 누구보다도 현대 자본주의 사회의 위기를 간파했다.

그러나 이 위기는 19세기 초부터 일어났지만, 지금에 이르기까지 세계는 붕괴되지 않고 이를 잘 견뎌온 셈이다. 아니 인간은 이 위기를 슬기롭게 대처했다고 여겨야 할 것이다. 과학과 기술의 진보가 끼친 부정적 영향도 크지만 그것이 인간의 자기해방에 이바지한 긍정적 영향은 더 크다고 보아야 할 것이다. 고도 생산을 위해 노동의 조직화와 인간 주체의 물화가 불가피하다는 타당성 있는 주장에도 불구하고, 과학과 기술의 진보는 보건, 교육 그리고 커뮤니케이션 등 여러 분야에서 보다 많은 사람들에게 혜택을 베풀었다는 사실만 보더라도 자유와 인권 신장에 이것이 끼친 효과는 지대하다. 과거에는 소수만이 누렸던 복지의 혜택을 다수가 함께 누릴 수 있게 된 것은 과학과 기술에 의한 생산력의 발달에 힘입은 것이 분명하다.

과학과 기술이 끼친 부정적 영향에 대한 비판 또한 크다. 실증적 사유의 가치중립성에 대한 비판은 19세기 말 이래 자연과학과 정신과학 간의 방법론 논쟁을 비롯해 지금까지도 그치지 않는다. 비록 과학이 가치판단을 받아들이지 않는다고 하더라도 과학자는 주술과 거짓 증언이 옳지 않다는 도덕적 판단을 내림으로써 지식 획득이 올바름을 찾는 행위라는 것을 인정한다. 철학이 할 수 있는 것은 언어분석뿐이라는 입장을 가볍게 보는 경향이 없지 않지만, 그것은 진술의 잘못을 밝히고 사람들이 모호함 없이 현실을 인식할 수 있는 논리적 사고를 도야시키기 위해서도 바람직한 역할을 맡고 있다. 실증주의의 기여는 높이 평가되어야 할 것이다. 인류 역사를 미신과 무속으로부터 해방시키는 데 획기적 과업을 수행했던 것이다.

자연과학적 지식이 인간적 삶이 안고 있는 모든 문제들을 해결할 수 있다고 믿는 과학주의는 물론 경계해야 마땅하다. 그러나 현대의 생활 세계가 예전에 여겨졌던 것처럼 과학 이전의 세계가 아니고 고도의 과학과 기술 안에 이미 뿌리내리고 있다는 사실이 지적되어야 할 것이다.

한편으로 인간, 그리고 다른 한편으로 과학과 기술을 따로 놓고 보는 것이 아니라, 인간-과학-기술 또는 인간-기술로 합쳐 논해야만 현대적 삶에 대한 이해가 가능하게 된다. '도구를 사용하는 인간'이기보다는 '신체기관으로서의 도구'라는 표현이 더 적합하게 되었다는 것이다. 주위 세계가 노동의 산물로 둘러싸였다고 말할 때는 지났으며, 오늘날 손만이 아니라 기술이 닿지 않은 것은 찾아보기 어려울 지경이다. 생산력이 노동 집약에서 기술 집약으로 전환한 지 오래며 삶의 양식도 이에 따라 변화하기에 이르렀다. 우리의 일상적 삶이 진행되는 세계가 기술에 의해서 매개되고, 또 이 매개 없이 미래로 전진할 수 없다는 생각이 널리 퍼지게 되었다는 것이다. 이전에는 몸과 눈으로 직접 접하고 만났던 사물과 사람들이 가상공간cyber space을 통해서 경험되는 일이 일상화되어가면서 종전에 가졌던 '세계 내 존재'와 '사회적 존재'로서의 인간 개념에 혁신이 올 수 있다. 인간이 세계에 관계하고, 다른 인간에 관계하는 양식이 근본적으로 달라진다는 것이다. 신체로서의 나와 주위 세계와의 상호작용에 있어서, 앞으로는 기술의 매개가 빈번해질 뿐만 아니라 전면화될 가능성이 높아질 것이다.

안경을 쓰거나 현미경을 통해서 밖의 세계를 본다는 것은 아무런 문제가 되지 않을 것이나 자신의 신체나 감각기관의 직접적인 경험이 아닌 전파를 통해서 남들과 의사소통하고 필요한 지식과 정보를 얻거나 사무를 처리하는 것으로 일과의 중요 부분을 채운다면, 재래의 방식으로 일상생활을 영위해왔던 사람들이 이 변화에 순응할 수 있을지도 문제이거니와 더구나 이 가상 공간 안에 들어 있는 생활 세계에서 태어나 성장하고 살아가야 할 어린 세대의 미래가 어떻게 열릴지가 심각한 문제로 제기될 것이다.

하이데거가 사면이 넓은 지평으로 둘러싸인 그의 고향 메스키르히Messkirch 들판 위에서 하늘과 땅, 신과 인간의 네 축으로 세계를 이해하려고 했을 때와 지금 사이에는 너무나도 많은 것이 달라졌다. 하이데거는 기술이 목적을 위한 수단으로서의 수공 행위라는 정의를 받아들이면서도, 그리스의 전통에 따라 인식작용과 연관해서 기술을 '감춰진 것의 드러냄'이라고 했다. 그러나 현대 기술은 하늘과 땅 그리고 신과 인간으로 이루어진 세계의 진실을 밝혀주는 것보다는 새로운 구조를 갖춘 세계로 우리를 인도한다. 장거리 통신과 장거리 교통의 고속화는 하이데거가 마차를 타고 고향집을 떠나 보덴 호Bodensee를 찾았던 때와는 전적으로 다른 시공간 경험을 갖도록 한다.

자연에서 발견된 여러 가지 화학 원소들을 다양한 방식으로 화합함으로써 새로운 물질을 창출하는 일은 인간이 자유롭다는 것을 가리킨다. 그리고 그가 만든 컴퓨터로 가상공간이라는 세계를 만드는 것도 인간이 창조적이라는 것을 가리킨다. 그러나 이 선택이 그를 자유롭게 할 것인가에 대한 물음은 한번쯤 재고

해야 할 것이다.

하이데거에 의하면 과학은 예술처럼 인간의 문화적 활동들 가운데 하나다. 그것은 처음 자연 관리의 관심에 의해 형성되었다고 할 수 있고 점차로 인간이 그 안에서 움직이는 현실에 대한 이론으로 여겨지게 되었다. 이전에는 서구 과학이라고 했지만 과학이 사람들의 삶을 규정하지 않는 곳은 더 이상 없어지고 '서구'라는 접두사가 빠진 지는 오래며 학문 분야에서 '학'은 과학에 의해 거의 대치되어가고 있다. 아직 독일 문화권에서는 학문을 '자연과학'과 '정신과학'으로 나누어 양자 간의 방법적 차이가 고수되고 있지만 후자도 머지않아 자연과학적 방법을 불가피하게 도입해야 할 지경에 이를 것이다.

주위 세계의 사물들은 예를 들자면 '아름다운 장미꽃'과 '푸른 숲'으로만 경험되지 않고 분자식으로 파악되는 것이 일상적으로 되어가고, 과학과 상식의 경계선이 점차로 희미해져가고 있다. 과학과 기술에 의한 시각의 확장은 육안으로 본 세계와는 다른 새로운 영역으로의 진입이며, 인간 지식의 증대일 것이다. 후설은 갈릴레오에 의한 우주의 수학화로 생활 세계가 상실되었다고 했지만, 수학화가 일상화되어버린 마당에 그가 생활 세계의 기반으로 삼은 의미 복합체에 대한 논의도 성격을 달리해야 할 것이다.

그리고 세계에 의미를 부여한다는, 인간의 주체성에 대한 관념도 달라져야 할 것이다. 주체성 개념이 관념론의 유산이나 현상학의 기술 대상으로 남아야 한다는 주장도 있겠지만, 인간이 본래적으로 자신의 존재 고양에 관심을 가지고 있을 뿐만 아니라, 이 주체성은 그의 존재를 무화하는 힘으로부터 자유로워지려는 욕구가 밖의 세계를 객체로 하여 자신을 내세우도록 한다. 그러나 서구의 발전 단계에서 근세 시민사회에 이르러 주체와 객체의 대립이 실질화되기 시작했고 이는 정치, 사회, 경제, 문화의 모든 영역에서 구체화되었으며, 서구의 근대성은 이것으로 특징지워지는 것이 일반적이기도 하다. 근세 철학사의 전개가 이를 무엇보다도 잘 증명하고 있듯이, 서양철학의 오랜 경향은 자아, 개체, 주체 등의 개념들로 인간의 자율과 자유를 근거지우려고 한다. 그리고 자아와 주체 의식의 심도에 따라 주어진 문명의 단계가 측정되는 것이다.

과학기술 시대에서, 문명 비판가들은 개체성의 종언을 염려해 왔다. 이들은 정치와 경제 그리고 문화의 주체로서 인간의 위치가 점차로 위축되어가는 것을 두려워했다. 그러나 지금은 사람들이 이 두려움에 대해 무감각해지는 것을 알게 된다. 인간의 자율성이 억제되어가고 있다는 사실을 깨달을 수 없을 만큼 일상적 삶이 과학과 기술에 의해 규정되었다는 것이다.

3 주체성의 도야

대부분의 사회는 여러 단계를 거쳐 발전해간다고 한다. 마땅히 거쳐야 할 단계들이 법칙적으로 주어지지 않더라도 적어도 몇 가지 과정들을 거친다는 것이다. 인간이 모태에서 태어나 유아기와 청소년기를 거쳐 성숙해지는 것과 같이 사회도 여러 단계를 거치면서 발달해나간다. 그러나 한 국면에서 다른 국면으로의 이행은 으레 갈등과 위기를 수반한다. 인류 역사가 처음부터 위기의 연속이라고 하겠지만 새로운 형태의 탈바꿈은 사회를 걷잡을 수 없는 소용돌이로 몰고 간다. 그렇지만 대체로 소용돌이 다음에 사회는 보다 자유롭고 선한 삶의 질서로 발전해나가는 것이 인류 역사의 방향이기도 하다. 그리고 철학은 이 흐름을 증언하는 역할을 해왔다. 조선 후기의 실학은 전환기에 놓였던

18세기 한국 사회의 사상적 표현이라고 한다면, 하늘에 의지하지 않고 인간의 힘으로 부를 얻는다는 노동관은 근대성의 뚜렷한 징표로 간주될 것이다. 실학은 인간과 자연의 일치와 조화를 믿는 물활론적 단계를 극복하는 획기적 사상이었다. 그러나 이것이 사회변혁을 근본적으로 일으키거나 그 변화를 가속화할 수 있는 정치적 담지 세력을 갖지 못했기 때문에 별다른 영향을 지속시킬 수 없었던 것은 사실이지만, 실학이 한국 철학사에서 지니는 의의는 크다.

현대 한국은 어디까지 와 있으며, 철학은 사회 발전을 위해 무엇을 하고 있고, 또 무엇을 할 수 있는지가 마지막으로 긴급하게 제기되는 물음일 것이다. 사회과학자들이 공통으로 말하듯이 시민사회의 단계를 거치지 않은 한국 사회가 어느 방향으로 나가게 될지는 큰 의문이 아닐 수 없다.

경제 발전이라는 근대화로 생산력은 고도로 기술화되었고, 이에 따라 합리성 원리는 행정과 경영에 도입되어 그 효율성이 충분히 인정되고 있지만, 한국 사회의 의식 전반은 아직도 탈전통의 단계에 머무른다고 말할 수 있다. 합리성 원리는 우선 그것이 보편성의 가치로서 일상적 삶에 내면화되지 못하고 있는 상황에서, 절차는 민주적이지만 그 선택은 권위주의적 통치 형태라는 모순을 낳는 정치와 같이 탈전통의 두드러진 특징을 야기한다.

19세기의 농민 봉기, 20세기의 3 · 1 독립운동, 4 · 19 학생혁명 등을 통해 우리도 인류 역사에서 인간 해방을 향한 노력의 일익을 맡기도 했지만, 예기치 못했던 국토 분단이란 객관적 여건이 이 사회의 자기 발전적 추진력에 족쇄를 채우고 말았으며 이 사회로 하여금 정치적, 사회적, 문화적 지진아로 남게 했다는 자기 비하의 목소리마저 나오게 했다.

시민사회로의 이행은 관념적, 실질적 조건을 필요로 한다. 기성 종교들은 인간의 자유와 권리를 존중하는 가르침을 주어야 하고, 학교와 사회 교육은 자아실현의 길을 열어주는 내용이어야 하며, 중산층의 폭을 넓히는 경제성장 그리고 정치 엘리트층의 의지 등이 시민 의식을 형성시키는 요소들이 될 수 있어야 한다. 그러나 분단으로 비롯된 위기 상황은 권력 추구 집단들과 집권층으로 하여금 국가 안보를 핑계로 권력 안보에 여념이 없도록 만들고, 이 사회를 전면적은 아니지만 관리 체제로 묶어두었던 것이다. 관리사회가 문화의 자발적 성장을 억제했던 것은 당연했다. 과학과 기술의 영역을 제외한 여타 학문 분야는 발육 부진을 면할 수 없었으며 철학도 예외일 수 없었다.

인간다운 삶이 영위될 수 있는 사회 형태에 대한 학문적 관심은 기성학자들과 젊은이들 사이에 미만했지만 그들의 상상력은 지진아의 수준을 벗어날 수 없었다. 이미 낡거나 폐기된 이론들

삶의 양식으로서의 철학

을 가지고 그것들이 마치 우리에게 가장 알맞은 것처럼 흥분하고, 다른 한편으론 훨씬 앞선 사회의 이론들을 놓고 떠들어대는 모습은 비애를 느끼게 했지만, 그렇다고 문화의 발전이 주어진 사회가 거쳐야 할 단계를 쉽사리 뛰어넘을 수만은 없는 것이었다. 여기에서 철학의 역할이 요청된다. 철학은 한국 사회가 밟아야 할 단계를 뛰어넘어서라도 문화 발전을 이끌어나가는 역할을 맡아야 한다는 것이다.

시민사회가 요청하는 주체성 개념이 한때 과학철학의 심신론 논쟁으로 흔들리던 당시, 포스트모더니즘으로부터 도전을 받는 바람에 관념론에서 자유와 권리의 이념들이 활력을 얻는 데 한계에 부딪혔다. 주체성은 서양 근세철학에 특유한 관념만은 아니다. 그것은 시민사회를 형성하는 정신적, 물질적 여건이 갖추어지면서 드러나게 되는 사념의 결정이기에 한국 사회에서도 이 개념의 내면화는 필연적이다. 어떤 이론적 도전이 있을지라도 시민사회의 주체성은 데카르트나 칸트의 선험적 틀로 정교하게 개념화되지 않아도 자연스럽게 발생하고 성숙될 것임에는 틀림 없다. 문제는 그 시기를 얼마나 앞당길 수 있느냐일 것이며, 철학은 철학사의 위대한 이름을 빌리지 않고, 이 사회에서 자라나는 시민들의 자아와 개체 의식의 성숙을 앞당겨야 할 것이다.

자아의식의 형성에 대해서 여러 가지 견해가 있지만, 의식의 역사성을 전제로 하는 한 형이상학적 논의에 들어가는 일 없이 발생론적 설명으로 충당하는 것이 한결 도움이 될 것이다. 의식과 그 사유 기능이 처음부터 주어진 것은 아니며, 신체와 주위 세계의 끊임없는 상호 관계를 통해 형성되어가며, 개인의 자아의식도 어느 발달 단계에 이르러 그 모습을 나타내게 된다. 그리고 이 주위 세계는 사회의 정신적, 문화적 삶의 양식을 갖추며, 개인적 의식의 성장은 이 양식에 의존한다. 물활론이 판치는 농경문화에서 자아의식이 기대될 수 없으며, 중세의 농노와 조선의 농민에게 개체성을 요구할 수는 없었을 것이다.

개인의 자아의식은 다른 개인들과의 사회적 관계에서 형성된다. 인간은 사랑, 증오, 노동, 놀이라는 네 가지 공존 형태를 통해서 삶을 영위하며, 이 사회적 관계에서 그는 통일과 평화, 분열과 갈등, 창조와 파괴 그리고 죽음 등의 의미를 터득하고 이것들을 기반으로 주위 세계를 인식하며, 인간다운 삶의 의미를 깨닫고 행동한다. 개인의 강한 자아의식은 타인들과의 대등하고 평화로운 관계에서 자신의 잠재력 실현을 통한 존재의 고양을 바란다. 시민사회가 바로 이 자아의식을 지닌 개인들의 삶의 터전이다. 이 시점에서 철학의 참 역할은 정신적, 문화적 주변 환경을 가꾸는 데 있을 것이다.

자연과의 조화와 질서의 순응을 가르치는 우리의 전통 사상과 자유와 권리의 주체로서의 자아 개념은 서로 배치된다. 후자가 서구적 관념이라고 해서 일부 자문화 우월주의자들에 의해 거부되겠지만 사회구조의 분화로 인한 개체화는 필연적 현상이며, 이것이 인간다운 삶을 가능케 하는 여건에 부합하여 전개될 수 있도록 철학은 그 역할을 수행해야 할 것이다. 이것이 모든 철학적 사유가 딛고 있는 인간주의의 기반이기도 하다. 그러나 자아의식의 도야를 가로막는 벽이 크면 철학이 발휘할 수 있는 힘도 제한된다. 고도 생산을 추구하는 사회 목표는 관리 체제를 요구하고, 이는 기술 지배를 이상적 관리 형태로 선택한다. 현대사회는 이러한 경향으로부터 벗어나기 어려운 운명에 있다. 현대는 분명히 기술 문명이며, 과학과 기술은 우리의 생활 세계를 규정하고 있으며 철학은 이 사실을 출발점으로 삼을 수밖에 없다. 철학은, 기술이 인간을 예속하고 그의 인격을 비롯하여 그의 창의성을 억제하는 것이 아니라 오히려 그의 잠재력을 모든 장애로부터 해방시키는 대안을 택하도록 한다.

자아의식이 미숙한 상황에서 기술 지배는 인간을 주체성으로 파악하기보다는 주어진 조직 안에서 수행되는 역할과 동일시해 버리기 때문에 개체화로의 발전을 더욱 어렵게 만들 것이다. 특히 아직도 널리 퍼져 있는 무속신앙의 물신 숭배와 시장경제의 상품 숭배 사이와, 자아의식 부재의 '전통 지향적' 사회 성격과 자아 상실의 '시장 지향적' 그것 간에 밀접한 친화력이 작용한다고 말할 수 있을 것이며, 이는 종국에 가서 한국 사회에서 자아의식의 성숙을 가로막는 탈전통 이상의 단계를 넘지 못하게 할 것이다.

지금까지 많은 철학자들은 이러한 방향의 가능성을 염려해왔다. 그리고 이 같은 난제를 극복하고 건전한 사회의 건설을 가르치는 이론들에 의지하기도 했다. 그러나 철학자들이 매번 직면하게 되는 문제는 훌륭한 이론의 부족이 아니라 이것들을 어떻게 실천에 옮겨 사람들로 하여금 이상 사회의 건설에 행동으로 참여케 할 수 있느냐였다. 이 난문은 계속 같은 강도로 남는다. 기술 지배를 피할 수 없더라도 그것이 인간다운 삶이라는 목적의 수단이라는 것을 깨닫게 하는 교육의 책임을 철학도 다른 학문들과 함께 진다는 것은 주지의 사실이지만, 어떠한 방식으로 이를 실행하는가는 풀어야 할 숙제로 남는다는 것이다.

자아의식이 처음부터 주어지지 않는 것처럼 주체성과 개체성은 만들어져야 한다. 한 개인이 스스로 평화의 의미를 배우고, 일을 통해서 자신의 창의성을 구현하고, 자신의 사적 선택이 이웃의 자유와 권리를 침해하지 않도록 책임을 지는 태도와 행동은 그가 다른 개인들과의 공존 관계에서 성취하는 것이다. 이 개체성은 개인들이 놓인 사회체제의 환경에 의해 크게 규정되는 만큼, 앞에서 언급된 것처럼 정신적, 문화적 여건이 중요한 요인이라고 한다면, 이 여건 조성은 철학 교육에 의해 개인들의 내적 변화를 도모하는 것이다. 기존의 사회적 환경이 교육의 형태를 규정하고, 교육이 사회 성원들의 사유와 삶의 양식을 새롭게 창조하는 것이 아니라 오히려 사회가 교육을 통해 새롭게 구성되어야 하며, 철학은 이에 참여할 수 있어야 한다.

근대성과 자아의식

공동체적
탐구 논리와
진보적
사회사상

1 절대성과 상대성을 넘어서

여러 철학 사상들 가운데 가장 미국적이라고 일컬어지는 실용주의pragmatism가 19세기 말 미국 학계에 등장한 이래 그 낱말은 다양한 의미를 지니게 되었다. 실용주의라는 표현이 때로는 어떤 사고방식에 대한 경멸의 표시로 쓰이기도 한다. 이것은 심오한 형이상학을 바탕으로 하는 서양철학의 전통과 단절하는 새로운 역할로서 나타난 실용주의가 미국인들이 현실에 바탕을 두는 사고방식을 정당화하는 논변으로 간주되었기 때문이라고 볼 수 있다. 그러나 중립적이거나 부정적인 평가와는 관계없이 실용주의가 미국 문화의 고유한 요소들을 담고 있다는 사실이 주목되어야 할 것이다. 이 철학 사상은 특유의 문화적 요소들의 철학적 흐름으로 간주되어야 한다.[1]

공동체적 탐구 논리와 진보적 사회사상

후크S. Hook는 세 가지 점에서 실용주의를 미국 철학으로 내세운다. 첫째는 세계는 열려 있으며, 따라서 모든 가능성은 실현될 수 있다는 것이다. 둘째는 미래는 사람들이 무엇을 했느냐 혹은 하지 않았느냐에 부분적으로 달려 있으며, 따라서 인간은 신학의 노예가 아니라는 것이다. 그리고 셋째는 생각들은 행동의 잠재적 계획이고, 따라서 사고가 인간의 일들을 바꿔놓을 수 있다는 것이다.[2]

실용주의는 처음부터 고정된 진리의 존재를 인정하지 않는다. 그것은 주어진 상황에서 일어나는 문제들을 하나하나 해결해나가는 데서 새 지식이 얻어지고 문제 해결의 방법이 고려될 수 있기 때문에 모든 가능성은 무한히 열려 있다고 여긴다. 미국인들은 건국 당시부터 개척 정신에 따라 직접적인 행동으로 실속을 차렸다. 그들은 행동을 통해서 인간의 삶이 제기하는 문제들을 적절히 처리한다는 믿음을 가졌다. 그리스어 어원인 '프라그마pragma'가 행동을 가리키는 것도 바로 실용주의의 의미를 명료하게 한다.

실용주의가 고정된 진리를 받아들이지 않고 무한한 가능성의 실현을 믿기 때문에 비판자들은 실용주의가 보편적 진리를 무시하는 상대주의에 지나지 않으며, 바로 이 때문에 그것이 미국인들의 참 철학이 될 수 없다고까지 단정하기에 이른다.[3] 실용주의

근대성과 자아의식

가 상대주의라는 비난을 받는 것은 어쩌면 당연할 수도 있다. 실용주의는 인간의 삶에서 참과 거짓, 선과 악, 옳음과 그릇됨이 우주의 질서에서 배우는 것이 아니라 일상생활에서 사람들이 당면하는 문제들의 해결에서 선택되는 것이라고 믿는다는 점에서 플라톤적 전통에서 벗어난다. 또한 실용주의는 이러한 한계를 경험을 위주로 하는 과학적 인식 양식에 있다고 하며, 과학적 방법이 불가피하게 상대주의를 전제로 한다는 데 크게 이의를 갖지 않는다.

실용주의가 함축하는 상대주의가 절대적 진리를 주장하는 정통 마르크스주의자들에 의해 주관주의로 매도된 것은 놀라운 일이 아니다. 실재와 관념의 일치를 진리로 여기는 이들에게는 주어진 문제들에 대처하는 그때그때의 행동에서 진리의 기준을 찾는 실용주의가 상대주의에 안주하는 것이었으며, 특히 레닌 V. Lenin의 이와 같은 실용주의관[4]은 최근에 이르기까지 마르크스주의자들로 하여금 실용주의에 대해 경멸의 태도를 견지토록 했다. 레닌은 상대적 진리들이 절대 진리를 향해 나가는 도정에서 생기는 것들로 간주하고 상대적 진리의 총체를 절대적 진리로 여겼던 반면에, 실용주의에서 진리는 부분적이고 잠정적일 따름이지 결코 절대 진리로 도달할 수 없는 것이 된다고 했다.

실용주의는 절대성을 설정하는 대신에 '끊임없이 앞으로 나아

145

간다'는 역사의 진보를 믿는 태도에 입각한 비판적 방법을 지식 획득의 길로 삼는다. 그것은 언제나 과학적 방법의 근간을 이루는 실험들에 의해서 새로운 증거가 나올 때까지 잠정적 결론을 내린다. 그러므로 실용주의는 모든 진리가 잠정적이라고 한다. 이 진리관은 미국에서의 민주주의도 책임 있는 사람들이 이루는 실험 공동체에서 생활 질서라는 것을 가리킨다. 민주주의에서는 어느 누구도 절대적 진리의 소유자가 아니며, 개인들은 설정된 가설들을 얻을 수 있는 증거에 의해서 검증할 뿐이라는 것이다.

실용주의의 상대주의적 성격이 마르크스주의자들의 공격 대상이 되기도 했지만 아펠은 이 철학 사상이 실존주의, 마르크스주의와 함께 20세기 산업사회에서 삶의 이론과 실천을 실지로 매개하는 3대 철학 사조 가운데 하나라고 일컬었다.[5] 마르크스주의가 한때 동유럽을 지배했고, 실존주의가 서유럽과 남미에서 크게 영향을 끼치기도 했다면 실용주의는 아직도 미국인들의 사유 양식을 특징짓는 철학으로서 이어져나가고 있다는 것이다.[6]

오늘날 미국 학계에서 철학 동향은 다양하다. 경험론을 위시로 하여 유럽 철학에서 연원하는 현상학, 해석학은 물론이고 아직도 칸트와 헤겔 등에 대한 관심은 여전하다. 그러나 독일 철학, 프랑스 철학 또는 영국 철학이라고 부르는 것처럼 미국 철학이라고 지칭될 수 있는 것이 있다면 그것은 분명히 실용주의일 것이다. 독일 관념론이라든가 영국 경험론의 전통이 있는 것과 같이 미국 철학의 전통은 실용주의가 된다.

실용주의를 미국적이라고 특징짓는다고 해서 이것이 다른 철학 사상들에 대해서 배타적인 것은 아니다. 그것은 관념론과 유물론과도 친화성을 가질 수 있는 측면을 다분히 포함하고 있다. 그것은 헤겔과 마르크스와도 대화할 수 있으며, 해석학과도 적지 않은 공통성을 나누기도 한다. 그러나 실용주의가 유별나게 미국적 철학이라고 여겨지는 이유는 지난 200년의 미국 역사에서 일관되게 흐르고 있는 미국인들의 의식 특성에서 잘 드러난다. 위에서 이미 지적한 바와 같이, 열려 있는 태도와 끊임없이 새로운 근거를 모색하는 탐구 자세 그리고 관념론, 현상학, 실존주의, 마르크스주의를 수용하고 자신들의 문화를 풍요롭게 하는 미국 문화의 관용 정신이 실용주의를 미국적 철학 전통으로 뿌리내리게 했던 것이며, 다른 한편으로 이 실용주의는 미국인들의 민주적 생활양식을 이론적으로 매개했던 것이다.

퍼스Charles S. Peirce, 1839~1914, 제임스William James, 1842~1910, 듀이John Dewey, 1859~1952 등의 저서들에 대한 논의를 통해 실용주의를 설명하자면, 물론 이들 사이에 상이성이 현저하게 발견되겠지만, 이들의 사상은 무엇보다 미국적 삶의 실천을 대변하고 있다는 특징을 지닌다. 일반적으로 개방성에서의 경험, 그리고 이를 통한

공동체적 탐구 논리와 진보적 사회사상

탐구에 대한 강조가 실용주의를 미국적인 것이라고 특징짓는 이유다. 여기서 개방성은 민주주의적 삶의 질서를 가리키고 개인들의 현실 경험도 이 질서 안에서 그 타당성을 얻게 된다고 할 때 퍼스와 제임스, 그리고 듀이의 생각 들은 미국 민주주의의 발달과의 연관에서 깊이 고찰되어야 할 것이다.

유기체로서의 인간은 그가 놓인 세계 안에서 살아남기 위해 자신의 주위에 대해 탐구를 게을리할 수 없다. 탐구는 우리를 둘러싼 세계에서 직면하는 사물들에 대응하는 과정에서 야기되는 의문에서 시작되며, 그 사물들에 대한 친밀함과 신뢰가 생길 때 탐구는 멈춘다. 그리고 우리가 새로운 상황에 처하면 다시금 의문이 일어나고 탐구는 이어진다. 퍼스는 탐구를 이와 같이 인간과 그의 주위 세계와의 관계에서 설명한다.[7]

탐구는 유기체로서의 인간이 그의 세계 안에서 생존하는 양식이며, 그리고 여기서 생기는 믿음은 인간의 존속을 보장한다고 여기게 된다. 우리의 믿음들은 우리의 욕구를 충족시키는 행동의 지침이 되며, 때로는 만족스러운 결과를 가져다주지 못하는 믿음들은 버려지고 이어서 새로운 의문이 뒤따르며, 새로운 믿음이 생길 때까지 탐구는 계속된다. 탐구는 되풀이되는 의문을 없애고 믿음을 얻기까지의 끊임없는 고뇌라고 하겠다. 이 마음의 갈등 없이는 새로운 믿음이 확립될 수 없다. 우리의 지식 획득은 이와 같은 고뇌로 가득 찬 탐구 과정에서 이루어지며, 어느 지식도 영구적이고 고정된 것이 아니며, 부단한 탐구를 통해서 비판적 반성을 얻기 마련이다. 퍼스에 따르면 탐구는 자기 교정의 과정이며, 최종적인 지식으로 인도하는 것이 아니라 우리가 실제로 알고 있는 것을 아무것도 확인해주지 못한다는 것을 가르쳐줄 따름이다. 모든 지식은 정정되기 마련이며, 이것이 인식의 특징이기도 하다. 퍼스는 인식의 '오류 가능성'을 명백히 한다.[8] 우리의 인식은 절대적이 아니며, 끊임없이 불확실성과 부정확성의 연속선상에서 헤엄치기 마련이라는 것이다. 또한 이것이 퍼스가 말하는 '연속성의 원리'이기도 하다.

인식의 오류 가능론과 연속성의 원리론은 퍼스에게 있어서는 데카르트주의와의 결별을 의미한다. 그는 인식의 확실성과 기반 찾기를 거부함으로써 근세의 인식론 중심적 철학을 피하려 했다. 그의 주장에 의하면, 첫째로 모든 인식은 외적 사실에 대한 우리의 지식으로부터 이루어지는 가정적 사고에서 유래하며, 둘째로 우리는 데카르트적 직관력을 갖지 않을뿐더러 모든 인식은 그 이전의 인식들에 의해서 논리적으로 규정되며, 셋째로 우리는 기초 없는 사고력을 갖지 않으며, 마지막으로 우리는 절대적 불가지론도 인정하지 않는다.

퍼스는 합리론자들처럼 의식에서 인식의 절대적 정초를 찾지 않는다. 그는 근세철학의 주류가 되었던 인식론을 받아들이지 않는다. 그는 인간과 그의 주위 세계 간의 관계를 통해서 경험의 성격을 규정하려 했으며, 이 관계를 전제로 하지 않는 한 어떠한 인식 문제의 논의도 소용없다고 본다. 그는 우리의 의식 속의 관념들이 의미를 지니기 위해서는 의식 밖의 세계와 연관을 가져야 하며 그렇지 않은 관념은 무의미하다고 여긴다. 그렇다고 퍼스는 관념과 실재 간의 상응을 주장하는 것은 아니다. 그가 강조하려는 바는 인간과 주위 세계 간의 관계에서 인식의 문제가 설명되어야 한다는 것이다. 그는 우리가 가지고 있는 기초 체계에 의해서 밖의 세계와 접촉한다는 것을 언명하고 있다. 개념들 없이는 어떤 것도 인식될 수 없다는 것이다.

인식은 부단한 과정을 통해서 비판의 제재를 받는다는 퍼스의 입장은 제임스와 듀이도 공유한다. 행동을 가리키는 그리스어 낱말 '프라그마'가 퍼스에 의해서 도입되었고, 제임스도 우리의 사유가 행동과의 상호작용에 의해서 진행한다는 사실을 받아들인다.[9] 한 사유의 의미를 형성시키는 데 어떤 행동이 필요한가를 우리가 선택한다. 이 선택은 끊임없이 이루어진다. 한 대상에 대한 우리의 인식 경험은 행동의 선택 여하에 달렸다는 것이다.

제임스도 실용주의자는 추상성이나 선험적 사고, 고정된 원리, 절대성 등을 버리고 구체성과 적절함, 사실과 행동에 성향을 두어야 한다고 주장한다. 그는 합리주의를 배격한다. 독단과 폐쇄, 그리고 최종적 진리 등을 반대하고 개방성을 고집한다. 합리론자는 추상화 앞에서는 편안하나 실용주의자는 사실로부터 멀어지면 불편하다. 실용주의자는 진리를 복수로 논하며, 그것들의 유용성과 성과를 논한다. 실용주의자의 진리는 주어진 개별적 상황에서 효력을 발하는 것이기에 관념과 실재 간의 절대적 일치로서의 진리론과는 무관하다. 실재로서의 대상에 대해 우리는 사유와 행동으로 접한다. 이 인식 과정에서 관념과 실재 간의 관계가 '일치한다'기보다는 '효과를 낸다'로 맺어진다. 사유와 행동으로 대상에 향하는 우리의 인식은 우리가 선택하는 행동에 의해서 그 타당성을 얻게 된다. 행동 지침에 따라 관념이 우리가 접하는 대상과 만족스러운 관계를 가질 때 그것은 참이라고 한다.

제임스에게 진리는 유용성과 동의어다. 이것이 실용주의의 진정한 정의가 되기도 한다. 실지로 쓸모가 있어야 관념이 참이 된다. 관념들의 참은 이것들의 대상이 우리에 대해서 갖는 유용성에서 유래한다는 것이다. 제임스는 한 관념의 참을 '현금 가치'라고까지 부른다. 이 현금 가치는 불행스러운 표현이기도 했으며, 실용주의 반대론자들로 하여금 이 철학 사상이 궁극적으로 조야한 유물론에 지나지 않는다는 공격으로 맞서게 만들었다.[10] 제임스의 현금 가치 비유는 통속적 공리주의라는 비난을 면치 못했으나 그의 진정한 의도는 당대의 추상적이고 수동적인 합리주의 철학에 반대해서 능동적이고 적극적인 진리 성취라는 실용주의의 특성을 강조하려는 데 있었다고 보아야 할 것이다.[11] 이 비유는 흔히 비판자들에 의해서 실용주의가 무엇이 돈이 되는가에 주된 관심을 갖는 미국적 전통의 소산이라고 단정할 수 있는 근거가 되어서는 안 될 것이다.

제임스는 인식의 타당성을 실험의 틀 안에서 논한다. 새로운 증거는 기존의 이론을 언제나 바꾸어놓기 마련이다. 참과 거짓 사이의 구별은 최종적인 것은 아니며, 가장 확실한 지식도 정정되기 마련이다. 제임스의 실용주의도 물론 과학적 방법에 의거한다. 자연과학에서 정립된 법칙들은 어디까지나 근사성을 가질 뿐이다. 어느 이론도 실재를 복사할 수 없으며, 그것이 어느 관점에서 유용하다는 데서 타당성을 갖게 된다.[12]

듀이는 퍼스와 제임스처럼 인식에서 인간의 능동적 역할을 강조한다. 그도 인식을 유기체와 주위 세계 간의 상호작용으로 설명한다. 그는 인식 주체가 인식 과정에서 수동적이거나 능동적인 역할을 한다는 종래의 인식론들을 거부한다. 듀이는 인식함이 언제나, 그리고 어디서나 인식되어진 것으로부터 분리될 수 없다고 본다.[13] 이 둘은 탐구에서 함께 같은 사태를 형성한다. 인식이 유기체에서나 혹은 주위 세계에서만 일어나는 것이 아니라 이 양측 사이의 상호 관계의 결과로 생긴다.

듀이는 범주나 불변의 원리보다는 인식 주체가 주위 세계의 대상들에서 최종적으로 얻는 결과에서 참 관념을 찾는다. 대상은 직접적으로 경험되나 우리가 그것에 행동을 가함으로써 간접적으로 인식된다. 듀이는 여기서 경험과 인식을 구분한다. 경험이란 직접적인 감각에서 주어지는 것을 가리키며, 인식은 사유 과정의 소산을 가리킨다. 이 점은 퍼스와 제임스에 있어서도 마찬가지다. 어떤 무엇을 경험한다는 것은 그것을 안다는 것이 아니다. 경험은 대상이 우리의 의식 밖에 있음의 깨달음이지만 그 의미의 깨달음은 아니다. 인식은 의미의 앎이다. 대상의 의미는 사유의 소산이다. 경험된 대상은 경험에 선행하나 인식된 대상은 인식 과정에 뒤따른다.[14] 인식은 활동이며, 그것은 인식되어지는 것에 작용하고, 이것을 변화시킨다. 따라서 인식은 행동의 한 양식이다.[15] 인식이 행동인 한 대상은 그것의 구성체가 된다.

듀이에 따르면 인식은 목적을 갖는다고 한다. 우리가 주위 세계에 대해서 알려는 것은 우리에게 어떤 의미를 지니느냐를 알려는 것이다. 이것이 곧 탐구다. 탐구는 불명료한 상황을 명확하게 하는 일이다. 인간은 주위 세계에 대해서 끊임없이 탐구한다. 불명료함은 의미의 부재를 가리킨다. 주위 세계의 사물들은 인식의 능동적인 과정을 통해서 하나하나 뚜렷한 의미들을 지니게 된다. 이 사물들은 우리의 삶과의 연관에서 의미를 갖는다. 주위 세계의 사물들에 대해 우리가 형성하는 관념들은 우리의 행동 지침이 되는 도구적 성격을 갖는다. 사유가 인간과 그의 주위 세계를 매개한다면 그것은 둘 사이에서 야기되는 문제들의 해소를 위해 끊임없는 탐구의 과정을 거쳐나간다. 이 과정에서 사유는 관념들을 형성하고, 이것들은 사유 도구의 역할을 한다. 그래서 듀이는 자신의 실용주의를 도구주의라고 칭하기에 이르렀다.[16]

도구가 어디에 쓰일 수 있는가는 실천적 행동으로 옮겨져 보아야 한다. 관념은 행동을 통해서 참이거나 거짓이 된다. 이렇게 해서 도구주의는 이론과 실천의 통합이라는 원칙에 그 기반을 둔다. 재래의 철학이 실재에 관한 이론에 국한되었다면, 듀이의 도구주의적 실용주의는 행동을 통해서 인간의 삶의 실천에 이론이 얼마나 유용한가를 가려낼 수 있어야 한다. 그렇지 못할 때 철학자들은 구름 속에서 헤매는 신세를 면치 못한다는 것이다. 듀이는 철학이 실제로 삶에 이바지할 수 있어야 한다고 강조한다. 삶의 실천에서 검증되지 않는 이론은 버려져야 하고 새로운 탐구에 의해서 비록 잠정적일지라도 참 이론이 모색되어야 한다. 이처럼 듀이는 퍼스와 같이 과학적 방법에서 그의 인식론을 정립한다.

그러나 듀이는 일반적으로 알려진 과학적 인식만을 내세우지 않는다. 그는 물체의 색깔이라든가 하는 성질을 밝히는 일상적 관심뿐 아니라 물리학에서 밝히는 색깔을 색깔로써 인식하게 하는 파장의 길이도 중시한다. 그는 일상 세계와 과학 세계의 양분을 거부한다. 일상적 인식이나 과학적 인식은 전체로서의 실재의 한 부분에 대한 것이다. 바로 그렇기 때문에 우리는 부단한 탐구 과정을 통해서 실재에 접근하도록 노력한다. 이것이 듀이와 퍼스, 그리고 제임스 등이 가리키는 과학적 방법이다. 이들은 개인들 간의 경험과 인식의 차이를 인정한다. 이 차이는 개인들의 생물학적 차이나 사회문화적 관점의 차이에서 생길 수 있다. 그러나 이것은 탐구 과정이 끊임없이 지속되고 탐구자들이 공동체에서 협동에 이를 때 해소될 수 있다는 것이다. 이것이 또한 실용주의적 개조個條의 하나인 인식의 사회성이기도 하다.

공동체적 탐구 논리와 진보적 사회사상

2

인식의 사회성

실용주의는 인식의 사회성을 주장한다. 데카르트는 개인의 의식에서 인식의 궁극적 근거를 보았다면 퍼스, 제임스, 듀이는 공동체 안 개인들 간의 상호 관계에서 관념의 참을 인정한다. 이 점이 실용주의를 근세철학으로부터 구분되게 하는 또 다른 원칙이기도 하다. 퍼스는 철학이 과학적 방법을 원용함으로써 궁극적 목표인 진리로의 도달을 개인으로서가 아니라 철학자들의 공동체 안에서 모색해야 한다고 확언한다.[17] 왜냐하면 개인은 분리된 존재로서는 무지와 오류로 가득하고, 이웃들로부터 고립해서는 오로지 부정否定일 따름이기 때문이다.

이 공동체 개념은 20세기 초반부터 혼용하기 시작한 미국 산업사회의 개인주의에 대하여 실용주의가 과학적 방법의 명분으

근대성과 자아의식

로 대립시킨 것이라고 한다. 이 개념은 미국인들이 일반적으로 개인주의적 성향이 강하다는 통념이 그릇되었다는 것을 지적한다. 개인주의가 본래 미국적이라는 것이 아니라 자본주의 시장 경제 체제의 한 단면이라는 것이다. 퍼스는 홉스T. Hobbes의 이기주의, 스미스A. Smith의 방임주의, 벤담J. Bentham의 공리주의, 그리고 사회적 다원주의 등에 대항해서 공동체 안에서 삶의 의의를 강조했다는 것이다.[18]

퍼스에 따르면 과학적 탐구의 논리는 사회성의 원칙을 잘 보여준다. 개인 스스로는 확실한 지식을 획득할 수 없다. 그의 지식은 다른 탐구자들의 경험과의 연관에서만 타당성의 가능성을 지닐 수 있을 따름이다. 그는 실재의 개념이 근본적으로 공동체 개념을 포함한다고 본다.[19] 공동체만이 실재와 비실재의 구분을 확인해준다는 것이다. 실재는 공동체의 마지막 결정에 달렸다는 것이다.

과학적 탐구에서 실재를 기술하는 명제들은 탐구자 공동체의 제재를 받는다. 이 공동체는 믿음의 조건들을 통제한다. 퍼스는 지식 탐구에서 개인을 공동체 안에 들어가게 함으로써 개인이 스스로를 넘어서 실재에 접근하도록 한다. 지식 탐구는 자신 밖에 존재하는 다른 개인들과의 연관에서 검증을 받는다. 인간은 개인으로서는 확실한 지식을 얻을 수 없다는 것이다. 그의 인식은 다른 탐구자들의 경험에 의해서만 보장될 수 있다. 다시 말하면 우리는 각기 탐구 공동체의 성원들로서만 지식을 얻을 수 있는 것이다. 이것이 퍼스에게는 탐구 논리의 사회성 원칙이다.

퍼스의 비판적 공험주의Critical Common-Sensism[20]는 사유의 사회성을 잘 설명해주는 예증이 될 것이다. 나의 마음과 너의 마음이 의사소통에 의해서 상호 관계를 맺으며 하나의 공동체를 이룬다. 과학적 지식 탐구에서 이것은 본질적이다. 탐구자들이 함께 의견을 나누어가며 실험에 임한다. 퍼스는 이것을 비판적 공험주의라고 일컫는다. 어떤 견해든 간에 공동체 참여자들이 모두 동의하게 되는 경우에 그것은 비록 잠정적일지라도 참이 되는 것이고, 이 견해가 지칭하는 대상은 실재한다고 하겠다. 그러나 참이라고 여겨졌던 것들이 더러는 거짓일 수도 있으며, 과학적 탐구 과정에서 잘못된 것으로 드러나기 마련이다. 그러므로 당연하게 여겼던 믿음들에 대해서도 비판이 가해져야 한다. 그것들은 새롭게 제시되는 경험적 증거에 비추어 다시 검증되어야 한다는 것이다.

그러나 중요한 것은 주어진 공동체 안에서 당연하게 여겨지고 있는 믿음들, 수대에 걸쳐 물려받았던 생각들이 의심의 여지 없이 사람들 사이에서 용납된다는 사실이다. 비판적 공험주의는 믿음의 고정화에 사회성의 원리가 얼마나 깊게 뿌리내리고 있는가를 보여준다. 현대 과학은 발달된 기술에 힘입어 매번 우리를 새로운 지평으로 이끌어가고 있기에 어제까지 의심의 여지없이 널리 받아들여졌던 믿음들이 새로운 패러다임에 의해서 다시 검증되어야만 한다. 옛것은 더는 쓸모없게 되기 쉽다. 퍼스는 과학에 의해서 창출된 새로운 세계와의 관계에서 옛 지식들은 비판되어야 한다고 주장한다. 이처럼 비판적 공험주의는 지금까지 오랜 세월 동안 함께하는 경험을 통해서 인정되어온 지식들에 대해서 의문을 제기하고 과학적 방법의 절차에 따라, 달리 말하면 탐구자 공동체가 다시 검증해야 한다는 것이다.

제임스 역시 탐구자 공동체를 통해서 인식 대상은 그 총체적 의미를 갖는다고 한다. 그도 퍼스와 함께 개인의 유아론적 상황을 탐구자들 간의 상호 관계에서 해소한다.[21] 참 관념들은 기이함과 고립으로부터 벗어나서 사람들 간의 합의에 이른다.[22] 제임스의 진리관도 역시 사회적 관련성을 갖는다. 개인들의 지각들 간의 유사성이 그들로 하여금 각자 처할 수 있는 기이함과 고립에서 벗어날 수 있게 한다. 한 개인은 다른 개인들과의 상호 관계에서 자신에게 고유한 편견을 극복할 수 있다는 것이다.

제임스 역시 일상생활에서 사람들이 함께 하는 경험을 과학적 탐구의 출발점으로 삼는다.[23] 관념이 사람들이 동의하는 결과를 갖는 한 그것은 진리 가치를 지니게 된다. 공험Common Sense이라는 것은 일상생활에서 사람들이 당연히 여기는 인식을 가리킨다. 이 공험 때문에 개인들은 이웃들과 그리고 사회적 현실에 대처할 수 있게 된다. 과학적 탐구도 바로 이 공험에서 시작되는 것이다. 이 공험이 인식의 사회성이다. 이 공험은 우리가 사회적으로 이웃들과 함께 하는 경험이며, 개인들에게 모두 친수한 지식이기도 하다. 우리가 공유하는 친숙한 지식이 과학적 탐구자 공동체 안에서 의사소통을 가능케 하고, 올바른 인식에 도달하기 위한 탐구자들의 논의를 가능하게 한다.

인식의 사회성에 대한 듀이의 입장은 어느 실용주의자들 못지않게 명백할 뿐만 아니라 그는 탐구자 공동체를 민주주의와 교육의 실질적인 문제에까지 연결시킨다. 실험실은 과학자들의 공동체이다. 여기에는 계급과 계층, 그리고 민족과 국가의 상이성이 존재하지 않는다. 이곳에서는 탐구자들이 자유롭게 의견을 교환하며 서로 비판도 해가면서 진리라는 목표를 추구한다. 이 실험실 상황은 듀이로 하여금 사람들이 경험을 함께 나누는 가운데 보편성에 이를 수 있다는 가능성을 믿게 했으며, 이 믿음이 민주주의의 성립 조건이 되는 공동체에 대한 믿음으로 이어져간다.

탐구자 공동체는 과학적 방법을 통해서 관념들의 검증에 임함으로써 실용주의가 비난받기 쉬운 주관주의를 제거할 수 있다는 것이다. 퍼스는 진리와 실재가 부단한 조사와 가설 설정과 검증

등을 행하는 과학적 탐구자 공동체에서만 접근이 가능하다는 것을 듀이에게 설득시켰다고 한다. 궁극적 진리의 추구를 위해서 과학의 협동적 탐구만이 신뢰할 수 있는 지식 획득의 길이라는 사실이 실용주의자들의 확고한 개조가 되었다는 것이다.

과학적 방법은 내재적으로 공동체적인 성격을 띤다. 그것은 실험의 공개성과 그 결과의 공표에 기반을 둔다. 모든 발견과 발명은 작업과 공동체에 속한다. 모든 새로운 발상과 이론은 확인과 검증을 받기 위해서 이 공동체에 제시되어야 한다. 과학적 방법은 근본적으로 협력에 의한 탐구이다. 듀이는 개인은 홀로 남게 되면 아무것도 하지 못한다고 한다. 그는 잘못된 생각에 쉽사리 얽히기 쉽다. 그래서 필요한 것이 협동 연구의 조직이며, 이를 통해서 사람들은 집단적으로 자연을 연구하고 대를 이어가면서 끊임없이 탐구해나간다는 것이다.

듀이는 인간이 본질적으로 사회적 존재임을 믿는다. 사람들이 모여서 공동체를 이루는 것은 매우 자연스럽다. 인간답기 위해서는 개인들 간의 의사소통을 통해서 공동체의 성원이라는 자각을 길러야 한다.[24] 주어진 공동체 안에서 함께 생활하고, 경험을 함께 나누는 가운데 개인들은 인간이 되어간다. 듀이는 심지어 생물학적 예를 들어가며 설명한다. 각 세포의 활동이 상호작용하는 다른 세포들에 의해서 조직되는 것처럼 개인으로서의 인간은 남들과의 결연으로 규제되며, 고립되어서는 결코 그의 존재가 설명될 수 없다는 것이다. 개체성은 사람들이 상호 관심의 삶에 참여하고 과학적 탐구에 의거한 사회적 통제를 함께 할 때 꽃을 피운다는 것이다.[25] 개체성은 사회적 기능의 소산이다. 듀이는 개체성이 사회적으로 구성됨을 인정한다. 개체성은 자아이고, 인식하는 주체는 바로 개인적 자아라고 여기게 되었던 것은 서양철학사에서는 근세에 이르러서인데, 실용주의자들은 이 자아를 사회적인 것으로 간주한다. 듀이는 개인들은 사회적 매체 속에서 성장한다고 본다. 인간이 갖는 주위 세계에 대한 반응이 지적이고 유의미하게 되는 것은 그가 이미 용인된 의미와 가치 체계의 매체 안에서 살고 행동하기 때문이다. 사회적 교제를 통해서 그는 서서히 자신의 개체성을 획득해간다는 것이다.[26]

듀이에 의하면, 인식하는 개인은 사회적으로 구성된 개인이며, 절대적이고 고립된 개인은 존재하지 않는다. 의식은 어디까지나 이 사회적 개인의 의식이다. 개인들이 속하는 사회적, 문화적 세계는 전통, 제도, 이해관계, 기술, 직업 등으로 이루어져 있으며, 그들이 일상적으로 행하는 의사소통, 언어의 의미들은 이 세계 안에서 형성된다. 이 일상 언어가 포함하는 의미들은 개인들이 그들의 주위 세계에 어떻게 대응하는가를 결정한다.[27]

개인의 의식은 그가 살고 있는 세계의 사회·문화적 여건에

162

영향을 받는다. 킬패트릭W. H. Kilpatrick은 듀이의 자아가 사회적 소산이라고 한다.[28] 인간에게서 심리적인 것과 사회적인 것은 구분되지 않는다는 것이다. 모든 사유는 의미의 사회적 성격에 조건 지어진다는 것이다. 산다는 것이 인간에게는 처음부터 사회적이다. 남들과 함께 사는 데에는 이들의 생각과 감정, 그리고 관심을 풍부하게 나누는 것이 기본이 된다. 사회성은 인간의 기본적인 존재 양식이다. 이와 같은 듀이의 자아 개념을 놓고 오늘날 학자들은 실용주의가 미국적 이상과 이념을 잘 대변해준다고 한다. 자아의 사회화가 생활양식으로서의 민주주의적 참 의미를 가리킨다는 것이다.

사유는 개인과 주위 세계를 관계짓는다. 그 내용을 이루는 믿음과 명제 등은 스스로 생기는 것들은 아니다. 그것들은 나의 의식 밖에서 온다. 우리가 이웃들과 함께 사는 가운데서 배움을 통해 사유의 내용이 채워진다.[29] 그래서 인간의 지능은 공동체의 삶에 묶여서 발달한다고 말할 수 있는 것이다. 듀이는 인간 지능이 그가 일부가 되어 있는 공동체에 묶여 있기 때문에 우리의 생각은 보편성을 지닐 수 있게 된다고 한다. 우리의 사고가 독단에 빠지지 않고 이질적인 것을 수용하고 그 지평을 넓혀나갈 수 있는 것은 그것이 처음부터 내가 아닌 남들과의 삶과 더불어 시작했기 때문이다. 과학적 탐구가 우리에게 가능한 것도 바로 여기에서 비롯한다.

듀이는 실험실에서 과학자들의 협동이 민주주의를 성립시키는 기초가 된다고 한다. 그의 탐구 논리는 민주주의 논리와 일치한다. 효율적인 민주주의는 주고받는 토의와 오가는 논의에 달려 있다. 자유롭고 대등한 여건에서 과학자들이 공동 연구에 참여하는 것처럼 민주주의에서 시민들은 개인의 권리와 자유를 동등하게 보장받도록 의사 결정 과정에 참여하는 것이다. 미국 역사에서 한때 고삐 풀린 개인주의는 경제력의 독점화를 초래했으며, 개인의 자유만이 중요한 것으로 간주되었으니 태초부터 인간들은 개인으로서만 그의 존재가 인정되어야 한다는 것이었다. 듀이는 민주주의를 개인주의와 동일시하는 입장에 반대한다. 개인의 자유가 공동체의 삶으로부터 떨어져서는 추상에 지나지 않는다고 듀이는 말한다.

지금까지의 고찰에서 밝혀진 바와 같이, 열린 탐구 태도와 구체적인 행동을 통한 검증으로 인간과 그의 주위 세계 간의 매개가 만족스럽게 이루어질 수 있다는 실용주의 입장이 탐구자 공동체에서 진리의 기준을 근거로 한다는 사실로 이어져나가고, 또한 이것은 실용주의가 민주주의 이론과 그 실천의 방향을 아울러 제시하고 있음을 알 수 있다. 그리고 탐구의 논리에서 공동체 개념의 중요성이 지대하다는 것은 물론이거니와 이 개념은 실용주의자들의 윤리관과 사회 · 정치관에서도 큰 역할을 하고 있다는 것도 밝혀져야 할 것이다.

퍼스의 공동체론은 사랑의 공동체론으로 설명된다. 공동체를 통해서 개인들은 자신들의 사적 이해관계와 편견을 극복하고 자신들의 특수성으로부터 독립된 지식에 도달할 수 있다는 생각은 퍼스의 기독교적 공동체관에서 그 연원을 찾을 수 있을 것이다. 퍼스는 과학적 방법을 다루는 데서 극히 섬세한 논리를 구사하면서도 윤리와 종교에 관한 그의 이론 전개는 사변적이다. 그는 인식은 과학적 방법에 의해서 보장되고 이 방법은 탐구자 공동체의 협력을 통해서 자기 교정을 거듭해 나가며, 이 참 인식의 과학적 모색은 공동체적 사랑과 밀접하게 연관된다고 한다.[30] 그의 과학적 방법은 과학과 윤리를 결합하고 종교적 목적을 설정한다.

퍼스는 나름대로 자신의 우주론을 편다. 절대적 우연과 기계적 필연성, 그리고 사랑의 법칙이 우주 안에서 작용한다는 것이다.[31] 그런데 사랑이 우연과 필연을 넘어서서 목적을 향해 전진시키는 힘을 발휘한다. 여기서의 사랑은 분명히 기독교의 사랑이다. 신이 곧 사랑이다. 퍼스는 기독교의 사랑의 복음으로 세계를 설명한다. 그는 역사의 진보는 사람들이 각자의 개체성을 이웃들과의 교감에 융합함으로써 이루어진다고 한다. 19세기 구미 사회는 홉스적 이기주의가 난무하던 시대였으며, 사리사욕이 사회 진화의 원동력이라는 생각이 풍미했는데 퍼스는 이것을 '탐욕의 복음'이라고 일컬었다. 또한 이것은 19세기의 개인주의를 특징짓는 것이었다.

퍼스에게 과학적 방법은 가치중립적이지 않다. 그것은 목표를 지향한다. 그것은 진리이며, 이 목적 달성은 윤리를 필요로 하며, 윤리는 우리의 행동 지침을 제공한다.[32] 탐구자들은 서로 간의 교감을 통해서 진리에 대한 합의에 도달한다. 그들은 공동체 안에서 보편에 이르는 것이다. 사랑의 공동체 안에서 그들은 진리를 찾는다는 것이다. 탐구자들 스스로가 자신의 이익을 공동체의 그것과 동일시하는 논리적 필요성을 연구 활동의 지침으로 삼을 때 과학적 탐구는 진행될 수 있으며, 그것이 목표로 하는 진리에 이를 수 있게 된다.

제임스는 실용주의를 자신의 도덕철학에도 적용시킨다. 그는 일원론이나 절대론을 인정하지 않으며 끊임없이 달라지는 삶의 현실에 부응하는 도덕관의 변화를 주장한다. 그도 이 점에서는 도덕의 진화를 믿는다. 그는 퍼스처럼 우리의 도덕적 의지를 보장하는 신과 종교적 삶의 의의를 강조한다. 그의 종교철학은 인간적 존재가 신이 그 이성이 되는 우주라는 실재의 일부라고 한다. 따라서 제임스의 도덕론은 이 맥락에서 이해되어야 할 것이다.

제임스는 우리에게는 독단적으로 형성된 도덕철학이 있지도 않으며, 물리학에서도 마찬가지지만 윤리학에서도 최종적 진리는 존재할 수 없다고 단언한다.[33] 상황의 변화에 따라, 대를 이어가면서 사람들은 보다 나은 도덕적 질서를 찾으려고 온갖 노력을 한다. 인간 역사는 바로 이 과정의 이야기를 담고 있다는 것이다. 사람들이 내거는 이상들 사이에 최종적 균형은 없으며, 오늘의 법과 관습은 어제의 그것들과 대립했으며 다음에 들어서는 새로운 질서에 의하여 전도되기 마련이다. 그러나 중요한 것은 인간들이 끊임없이 주어진 상황에 맞지 않는 질서를 파괴하려는 데 있다.

제임스는 사회적으로 만족스러운 질서가 수립될 때 상대적 균형이 잡힌다는 윤리 원칙을 역설한다. 그러나 기존 질서에 대한 사회적 만족의 극대화도 오래 지속하지는 못한다. 왜냐하면 새로이 발견되는 질서에 의해서 대치되기 때문이다. 그러므로 사회는 부단히 유동적이고 윤리적 대안들도 더불어 달라진다는 것이다. 이와 같은 도덕철학이 제임스의 다원론적 성향을 가리킨다고 볼 수 있을 것이다. 그의 과학적 방법에 대한 관심은 그로 하여금 일원론적 사고의 틀을 배제케 한다. 그는 결정론을 거부한다. 세계가 이미 정해진 질서로 움직인다면 우리의 창의성과 책임감은 아무런 소용이 없다는 것이다. 한편으로 제임스는 세계 안에서 인간의 자유 의지를 인정한다. 그리고 다른 한편으로 그는 개인들이 각자의 이익과 선호에 따라 선악에 대한 태도를 정하는 도덕적 고립을 염려한다. 그러나 제임스는 이 도덕적 다원론이 현실일지라도 사회적 요구의 충족에 따라 도덕적 통일성은 이루어질 수 있으며, 사회는 전체로서 균형과 안정을 유지할 수 있다고 믿는다.

듀이는 퍼스와 제임스와는 달리 도덕의 문제를 신학의 도움으로 풀지 않고 과학적 방법의 테두리 안에서 고려한다. 도덕과 과학의 화해가 그의 실용주의에서 도모된다. 그의 이와 같은 시도가 결코 쉬운 것은 아니다. 전통 철학에서는 과학과 사실, 그리고 객관성의 영역이 윤리학과 가치, 그리고 주관성의 영역과 엄격하게 구별되었는데 듀이는 이 이원론에 도전한다.[34] 인식은 유기체로서의 인간과 주위 세계와의 관계를 매개하고, 그의 경험은 이 관계에서 일어나며, 따라서 도덕의 문제도 이 경험에 바탕을 두어야 한다면 윤리학과 과학은 공히 자연을 다루는 탐구의 절차를 따라야 한다. 듀이는 도덕 문제에 대한 과학적 접근을 고집한다. 그리고 그는 경험적 탐구와 윤리적 판단의 구분을 인정하지 않는다.

인간에게 도덕의식은 그의 삶의 여건에서 자연스럽게 성장한다. 윤리학의 원천도 이 삶의 조건에 있는 것이다. 선과 악, 옳고 그릇된 것에 대한 관념들은 인간의 삶에서 형성된다. 듀이는 인간이 자신의 행위를 규제하는 기준을 발전시킨다고 한다.[35] 사람들은 함께 살면서 인간관계에서 무엇이 적합하고 공정한가에 대해서 어떤 결론에 도달했으며, 그들의 행위 규범에 대해서 어느 정도 합의에 도달하려고 부단히 노력해왔다. 사람들은 인성에는 어떤 행위 규범을 선호하는 자발적인 성향이 있다는 것을 발견하게 되고 어떤 행위는 규제되어야 한다는 것도 알게 된다. 이러한 발견들에서 선과 악의 관념이 형성된다. 사회적으로 장려되는 것들은 계발되고, 그렇지 못한 것들은 버려진다.

듀이의 윤리학은 철저하게 실용주의적이라고 하겠다. 정직, 자선, 용기, 근면 등의 덕목들은 사람들이 그들의 주위 세계에 적응하는 능력을 가리킨다. 이것들은 인간 본성의 구성 요소들과 밖의 세계의 구성 요소들 간의 상호작용의 결과이다. 도덕적 가치는 인간의 생존력의 구현이다. 인간이 이것들을 가지고 태어난 것은 아니다. 다만 그의 본성에 따라서 외부 환경에 적응하기 위해 스스로 발달시킨 것들일 뿐이다.[36]

도덕은 자란다. 그것은 어린아이에게서 자라고, 인간 역사를 통해서도 자란다. 이 자라는 과정은 처음에 인간이 더욱 합리적으로 되고, 보다 사회적으로, 그리고 보다 도덕적으로 되어가는 과정이다. 합리화는 욕구 충족을 위하여 지능을 최대한으로 사용하는 과정이며, 사회화는 협동으로 개인들의 능력을 증대하는 단계이다. 사회화는 개인의 이익과 남들의 이익 간의 대립이 권리와 정의의 대립으로 바뀐다는 것을 의미한다. 그러나 합리적이고 사회적인 행위만으로 사람들 간의 관계에 균형이 잡히는 것은 아니다. 도덕적 단계로의 전진이 불가피해진다. 보다 합리적이고 사회적인 행위가 선으로 평가되고 사회와 이성이 처방하는 법이 옳다고 간주되며, 구속력을 가진 행위 기준으로 준수되는 것이다.[37] 듀이는 윤리학이 인간 본성의 연구를 다각도에서 행해야 한다고 주장한다. 도덕의식의 발달을 이해하기 위해서는 자연과학과 사회과학을 포함하는 종합적 접근이 이루어져야 한다는 것이다. 왜냐하면 도덕은 인간 본성의 구현 양식이며, 이 본성은 인간의 정신과 신체에서 찾아지고, 따라서 생물학, 의학, 인류학, 심리학에서 인간 본성에 관해 알려진 모든 것들이 윤리학 탐구에 관련되기 때문이다. 인간 본성은 주어진 환경 안에서 존재하고 작용한다. 윤리학도 독립된 영역이 아니라 인간적 활동을 밝혀주는 다른 모든 학문 연구와의 연관에서 이론 형성을 시도해야 한다는 것이다.[38]

듀이는 퍼스와 제임스와는 달리 종교에 대한 언급 없이 도덕의 문제를 다룬다. 인간이 자연에서 나와 그의 주위 세계에 적응

근대성과 자아의식

하면서 본능의 합리적 통제와 공동체 생활을 통해 도덕적 존재로 진화해왔기 때문에 듀이에게는 신학적 설명은 필요 없게 되는 것처럼 보인다. 다윈의 영향을 받았던 그는 세계를 자연주의 관점에서 설명하려고 한다.[39] 물론 퍼스와 제임스를 비롯한 많은 미국 철학자들의 저서 등에서 다윈주의의 중요성이 발견되지만 듀이의 철학적 사유의 방향 설정에서 진화론이 차지하는 비중은 매우 크다.

자연이라는 주위 세계로부터의 도전에 대한 인간의 대응은 궁극적으로 이성에 의한 것이며, 이는 경험적, 분석적 절차라는 과학적 방법으로 이어져간다. 과학은 불안정한 주위 세계에 대응하면서 진화한 지능의 소산이며, 윤리학은 불안정한 환경에 적응하는 인간 지능의 생존 양태이다. 도덕적 가치들은 자연 세계에 기반을 둔다. 그것들은 종교적 사변 속에서 상정되는 것이 아니라 인간의 구체적인 삶 속에서 경험된다.

듀이는 도덕 기준은 인간의 '성장'에 있다고 한다. 이 개념은 인간과 사회의 진화론적 이해에 상응한다. 듀이는 성장 그 자체가 유일한 도덕적 목표라고 한다.[40] 성장은 개선이며, 진보이다. 그것은 지속적인 과정이기도 하다. 그것은 기존의 상태를 변형하는 적극적인 과정이다. 최종 목표는 완성이 아니라 완전케 하고, 성숙케 하며, 정교하게 하는 과정일 따름이다. 인간의 삶은 곧 이 성장이다. 성장하는 사람은 자신의 삶을 진정으로 영위한다. 성장은 유기체의 모든 잠재 능력을 실현하는 것을 가리킨다. 성장은 인간이 신체적으로, 지적으로, 도덕적으로 발달하는 것을 의미한다.

듀이는 또한 교육을 인간의 성장으로 정의한다.[41] 인간은 주위 세계와의 관계에서 끊임없이 삶의 길을 배운다. 그는 이 배움을 통해서 성숙된 삶의 의미를 깨닫는다. 이 깨달음이 그의 도덕적 성장이다. 가정에서의 배움, 학교에서의 배움, 사회에서의 배움은 모두 인간의 발전 과정이다. 그리고 제도로서의 교육은 인간을 올바른 도덕적 목표를 향해 성장하는 것을 추구해야 한다. 듀이는 개인들의 성장이 모든 교육적 활동의 목적이라고 믿는다. 그러나 교육은 이미 설정된 틀을 전제로 해서 일정한 삶의 형태를 갖추도록 개인들을 성장시키는 것은 아니다. 도덕적 성장은 이상적 자아를 전제로 해서 이를 충만시키는 과정은 아니다. 성장은 개인의 자아실현의 끊임없는 재구성의 과정이다. 성장은 열린 목표를 향한 성장이다.

듀이는 열린 성장을 보장하는 질서는 민주적 공동체라고 한다. 그는 민주주의의 도덕적 의미는 모든 정치제도와 경제구조가 사회 성원 각자의 전면적 성장에 기여하는 데 있다고 믿는다.[42] 온전한 교육은 사람들 모두가 제각기 그들이 속하는 사회의 목표를 설정할 때, 그리고 능력에 따라 책임을 함께 나누어 맡을 때 가능하며, 이는 민주주의에서 생겨날 수 있다고 듀이는 천명한다. 개인의 온전한 성장은 모두가 의사 결정에 참여하는 정치 조직인 민주주의에서 일어난다는 것이다.

3 실용주의와 개혁 자유주의

이상의 고찰에서 현저하게 지적될 수 있는 것들 중 하나는, 실용주의는 공동체를 무엇보다도 강조하고 있다는 사실이다. 열려 있는 탐구의 지평과 열려 있는 삶의 세계에서 진리에로의 접근과 자아실현의 가능성은 개인들 홀로가 아니라 서로 간의 상호 관계에서 이루어진다는 점이 실용주의의 근간이 된다고 말할 수 있다. 그리고 사회철학에서 이 공동체 개념을 가장 적절하게 이론화한 철학자로 우리는 누구보다도 듀이를 꼽을 수 있다.

듀이는 '위대한 공동체의 추구'[43]라는 거대한 과제를 세워 공동체와 민주주의의 관계를 밝혀나간다. 앞의 절에서 언급된 바와 같이, 인간은 민주적 교육을 통해 자아실현을 하면서 온전한 성장을 이룩할 수 있다. 듀이는 이 민주주의가 어디까지나 참여적 정치과정이어야 한다고 못 박는다. 지식 획득도 탐구자들의 직접적인 참여로 가능하며, 도덕적 목표 달성도 공동체의 노력으로 이루어진다는 것이다. 듀이는 미국의 민주주의가 이와 같은 진정한 공동체적 삶에서 발전했다고 믿는다.[44] 또한 듀이는 참여민주주의의 가장 중요한 주창자이다.[45] 민주주의는 필요한 기회와 자원이 모두에게 제공되고 사람들은 이것들을 통해서 자신들의 잠재 능력을 정치 · 사회 · 문화 생활에서 충분히 실현시킬 수 있는 공동체를 건설하도록 하는 것이라고 듀이는 믿는다.

공동체 개념은 초기 청교도주의의 강력한 사회의식에 속했다. 그것은 진리와 올바름에 바탕을 둔 뉴잉글랜드 인들의 신사회 건설 이념이었다. 그들의 의사 결정은 민주적 절차를 통한 합의 도출로 이루어졌으며, 주권은 공동체에 있었다. 또한 청교도들은 개인들의 창의성과 공동체의 안녕 사이의 적절한 균형을 유지하려고 했다. 에드워즈Jonathan Edwards, 1703~1758의 청교도주의적 공동체 개념에 따르면 공동체의 성원들은 모두 신의 택함을 받은 초자연적 이해력의 수탁자들이며, 그들의 공동 노력으로 참된 삶의 영위가 가능하다. 그의 윤리관은 공공 이익을 앞세웠다. 그는 정치와 경제에서 개인주의를 배격했으며, 민족과 인종의 경계선을 넘는 공동체의 형성을 제창했다.[46] 청교도의 윤리관은 실용주의자들에게로 이어졌다. 퍼스도 에드워즈의 영향을 받아 탐욕과 개인주의를 거부했으며, 주관주의와 회의주의를 버리고 공동체 안에서 공통의 믿음과 이상을 가지고 진리와 합리성을 추구하기 원했던 것이다.

듀이가 청교도주의의 대표적 철학자라는 평가도 내려지고 있다. 그의 위대한 공동체 추구는 실로 미국의 건국 초기의 종교적 전통에서 나왔다고 보아야 할 것이다. 듀이는 공동체 안에서 인간과 사회가 도덕적으로 된다는 청교도의 믿음이 미국적 삶의 전통이라고 생각하며, 이 전통이 민주주의라고 주장한다. 그는 초기의 청교도처럼 이상 사회를 그렸으며, 인간이 스스로 그의 이념에 도달할 수 있다고 자신한다. 그에게 실용주의는 꾸준한 노력으로 인간이 완성에 가까워간다는 것을 의미한다. 그는 역사의 점진적인 발전을 믿는다. 그는 진정한 민주사회에서는 모든 시민이 사회의 목표 달성에 자유롭게 협력하면서 참여하며, 이 사회의 실현은 현실적이라고 기대한다.

듀이는 자본주의 사회에서 민주주의는 공동체 안에서 경험되는 사람들 간의 상호 이해의 관계를 재창출할 도덕적 책임이 있다고 한다. 그것은 시장경제의 경쟁 원리로 인하여 뿔뿔이 흩어진 시민들을 다시 하나의 공동체로 통합시키는 제도적 장치이기도 하다. 듀이는 자본주의를 인류 문명의 중대한 결함이라고 단정하면서 경제적 개인주의는 더 이상 지탱될 수 없다고 한다.[47] 그는 산업사회에서 인간의 원자화는 자율적인 개인들의 결합에서 비롯하는 유의미한 삶을 바라는 사람들의 성장으로 극복될 수 있다고 본다.

듀이는 경쟁적 개인을 찬양했던 옛 개인주의에 대신해서 공동체 안에서 남들의 이익도 염두에 두는 사회적으로 성숙된 개체성을 고집하는 새로운 개인주의를 주창한다. 그는 1920년대의 '거친 개인주의'를 내걸고 약육강식의 시장경제 원리를 강조했던 자유방임주의를 전적으로 배격한다. 그는 경제적 개인주의는 사람들의 사유와 표현의 자유를 오히려 억압함으로써 창의적인 개체성을 저지하는 반면에 소수에게 기회를 허용하는 체제의 유지만을 도모한다고 주장한다. 그는 1920년대의 미국 민주주의가 부호 계급의 금권정치라는 것을 서슴지 않고 천명한다.[48] 이와 같이 그는 미국의 사회질서가 안고 있는 문제의 심각성을 지적한다. 그에 따르면 그 원인은 분명히 경제적 개인주의에 있다는 것이다. 사람들은 공동체가 본질적으로 사회적 존재임에도 시장경제의 전개는 이 인간의 내재성을 왜곡한다는 것이다. 이런 이유로 듀이는 인간에게 본래적인 민주적 공동체의 재구성이 요청된다고 한다. 그는 민주주의만이 새롭고 진정한 미국적 개인주의가 들어설 여건을 창출할 수 있다고 한다.[49]

미국의 정치 이념은 전통적으로 자유주의라고 한다. 이 영어 낱말은 '리버럴리즘liberalism'이다. 이 자유주의는 여러 뜻으로 쓰인다. 경쟁적 개인주의라는 의미에서 또는 진보성의 의미로도 쓰인다. 그런데 듀이는 그 본래의 뜻에서부터 시작한다. 그는 자유주의는 개인들이 자신들의 능력 실현이 그들의 삶의 법칙이 될 수 있도록 스스로를 자유롭게 하는 것을 목적으로 삼는다고 한다.[50] 그리고 그는 자유주의 정신은 모든 개인들에게 개인적 성장을 위한 자유와 기회를 부여하는 사회적 조직을 계획하는 일에 전념하는 데 유연성을 가져야 한다는 것을 분명히 한다. 그러나 그는 자유주의가 근본적으로 되어야 한다는 것을 강조한다. '근본적radical'이란 것은 개혁을 의미한다. 이것이 실용주의의 자유주의론이다. 자유주의는 열려 있으며 부단히 자기 교정으로 발전해나가야 한다는 것을 가리킨다. 진정한 자유주의 정신이 자본주의에 의해서 억제되고 있는 마당에 급격한 개혁을 통해서 그 정신의 본래 모습을 다시 찾아야 한다는 것이 듀이의 근본주의적 취지이기도 하다. 그는 진리의 탐구가 공동체에서 이루어지듯이 정치, 경제, 사회의 문제는 시민들의 협동으로 해결될 수 있다고 믿는다. 그는 사회질서는 협동으로만 유지될 수 있다고 본다.

듀이에 따르면, 자유주의는 인간의 지능이 사회에 속하는 재산이라고 여긴다. 사회적 협동에서 그 공공적 기능을 발휘해야 한다는 것이다. 탐구자 개인이 과학 이론과 법칙 들을 비판할 권리와 의무를 갖는다고 하더라도 그의 비판은 어디까지나 사회적으로 얻어진 지식 체계에 의해서 행해진다. 탐구자의 사유는 사회적 관계 안에서 일어난다는 것이다. 탐구가 협동적인 것처럼 민주주의도 본질적으로 협동의 방법에 의거한다는 것이다. 자유주의는 결코 주체로서의 개인의 완벽성을 전제로 하지 않는다. 그것은 사회 속의 개인의 한계와 개체로서의 능력을 아울러 상정하고, 이 둘 간의 균형을 적절하게 조정하는 데 그 운영의 묘를 살린다. 이것이 실용주의의 사회철학이기도 하다.

듀이는 근본적 자유주의를 주창하며 이것이 현대의 미국 자유주의가 추구하는 중심 목표라고 한다. 그는 개혁적 자유주의자이기도 하다. 왜냐하면 그에게 자유주의는 끊임없는 자기 교정을 의미하기 때문이다. 자유주의는 실용주의의 탐구 논리에 그 바탕을 두고 있다는 것이다. 듀이는 미국의 전통으로서의 자유주의가 올바른 방향으로 이어져 나가기를 원하며 미국인들이 그들의 역사에서 자본주의가 제공하는 물질적 풍요보다는 지적인 충만을 향유하기 위해서는 무엇이 달라져야 할 것인가를 보여준다. 그는 자신의 자유주의론의 전개에서 미국인들에게 참된 '삶의 철학'을 일러주는 것이다. 그에게 자유주의는 진보주의며, 그는 20세기 전반의 미국 진보주의의 철학자로 군림했다.[51]

듀이의 진보적 자유주의는 때로는 민주적 사회주의와 비교되기도 한다.[52] 그의 위대한 공동체론은 무엇보다 자본주의가 몰고 온 경제공황을 극복하는 대안이었다. 그는 경쟁 원리가 야기하는 개인들의 원자화와 이에 따르는 파국을 자유주의의 전통 안에서 해소하려고 했으며, 그것이 사회주의에서 도움을 받아 다시 새롭게 태어날 수 있다고 믿는다.

듀이의 사회철학에서는 개인과 사회 간의 대립이 어떻게 완화될 수 있는가가 가장 기본적인 물음이 된다. 정부의 간섭에 대해서 권리와 자유를 요구하는 개인들과 공동체에 책임을 지는 개인들 사이를 적절히 매개하는 자유주의 이론의 정립이 듀이의 과제다. 정부가 개인에게 적대자가 되어서도 안 되고, 사회가 개체성을 말살하는 전체성이 되어서도 안 되며, 개인들의 자발적 참여로 공동체의 정책이 결정되고 이해관계가 조정되는 질서, 그것을 설명하는 자유주의가 듀이의 사회사상의 근간이다.

자유주의적 가치들이 민주 사회의 초석이 되기 위해서는 그것들이 재해석되어야 하며, 듀이는 자신의 실용주의에 비추어 자유주의 개조들을 재조명하는 것이다. 자유와 개체성이 자유방임적 자본주의와 소유 지향적 개인주의의 이기와 동일시되면서 자유주의가 기득권층의 보수적 이데올로기로 전락해버린 역사적 상황에서 자유주의가 더 이상 자본주의 체제를 정당화할 수 있는 믿음의 근거를 제공할 수 없게 되자 1920~30년대의 미국 사회에서는 사회주의 운동이 활발해갔다. 듀이는 자유주의 전통에서 사회주의적 대안을 끌어내고, 이렇게 함으로써 그는 미국을 자본주의의 위대한 이익사회에서 민주적 위대한 공동사회로 재건하려 했던 것이다.

듀이의 실용주의는 사회 재건의 철학이라고 하겠다. 그는 과학적 탐구가 탐구자들의 협력으로 이루어지는 것과 같이 민주주의 사회도 시민들이 의사 결정에 공동으로 참여함으로써 그 목표에 이를 수 있다고 확신하면서 시민들의 협동으로 사회는 점차로 개선된다고 한다. 이 점에서 그는 개량론자라고 하겠다.[53] 듀이는 현대 과학을 형성하는 탐구 논리에 따라 민주주의가 성공할 수 있다고 본다. 개량주의는 자유주의의 역사관이며, 듀이는 사회 성원들의 공동 노력으로 기존의 여건을 넘어서 사회가 더 나아질 수 있다는 신념을 굳게 갖는다.

그러나 듀이의 개량주의적 사회 건설론은 이상에 지나지 않는다는 비판을 일반적으로 초래한다. 우선 언급될 수 있는 바는 듀이의 과학적 방법이 정치과정에도 적용될 수 있느냐는 물음일 터다. 자연과학의 연구 절차를 사회과학에서도 원용하는 실용주의 방법론을 거부하는 쪽에서 특히 밀스C. Mills는 듀이의 사회 재건론이 일종의 협동적 탐구를 기초로 한 집단 행위를 통해 공동선을 달성할 수 있다는 데 극히 부정적이다. 왜냐하면 사회적 행위가 본질적으로 권력 투쟁이기 때문이다.[54] 듀이의 실용주의는 제퍼슨적 농촌민주주의를 전제로 하며, 이것은 정치권력의 본성을 은폐한다는 것이다. 밀스는 듀이의 자본주의 비판에 동의하지만 그의 점진적 처방에는 반대한다. 듀이가 현대사회에서 경제적, 정치적 권력의 현실을 잘 이해하고 있지 못하고 집단적 행동으로 개혁이 가능하다고 본다는 것이다. 듀이에서처럼 비극적 정치관과 인생관의 부재가 1930년대의 진보적 지식인들로 하여금 실용주의에 대한 관심을 잃게 했다고 밀스는 설명한다.[55]

사회를 권력투쟁으로 규정하고 어떠한 사회적 협동도 정치 과정에서 인정하려 들지 않는 밀스에게 듀이의 참여민주주의는 단순한 이상에 지나지 않는다. 밀스는 자유주의가 전제하는 인간이성론을 전적으로 부인한다. 인간의 정치적 활동은 실험실에서의 탐구도 아니고 협력도 아니며, 소수의 엘리트층에 의한 조종으로 정치적 의사가 결정될 따름이라는 것이다. 사회의 방향을 설정하고 이를 밀고 가는 사람들은 시민들이 아니라 이해관계에 따라 움직이는 엘리트층이라는 것이다. 따라서 그는 미국 정치에 대한 보다 현실적인 분석의 필요성을 역설한다.[56] 밀스가 듀이에게서 바라는 것은 자유와 평등의 이념을 내걸면서도 불평등과 불의를 은폐하는 자본주의 체제의 심층부를 파헤치고 권력의 비극적 속

근대성과 자아의식

성을 인정하면서 사회의 재건을 도모하려는 것일 터다.

이와 같은 비판에 대해서 듀이의 변론도 여러 가지로 열거될 수 있을 것이다. 그러나 한 가지 강조될 수 있는 것은 그의 민주주의론에 한계가 있다면 이것은 그의 도덕적 이상이 지니는 한계를 의미한다는 것이다. 그는 미국의 역사에서 발전해온 정치 사회 제도와 이와 함께 자라온 사회적 의식에서 태어난 실용주의의 공동체적 탐구 논리와 이에 따른 시민들의 직접적 정치 참여의 행태에 맞추어 사회 재건론을 폈던 것이다. 그는 제퍼슨적 민주주의의 신봉자이며, 이것이 미국의 전통이라고 여기며, 자신을 그 실천적 계승자라고 자부한다. 제퍼슨T. Jefferson은 사람들에 대한 군은 신뢰를 간직했으며, 이들이 때로는 우왕좌왕하더라도 그들에게 길만 제시하면 올바른 선택을 한다고 했다.

제퍼슨은 공교육을 통해서 민주 시민을 길러낼 수 있다고 했다. 교육이 민주주의의 도구라는 것이다. 그가 구상했던 공교육 제도가 미국 민주주의의 주요한 성취라고 하겠다. 파도버S. K. Padover는 제퍼슨의 이러한 생각이 아직도 민주주의 발전에 본질적이라고 한다. 그리고 그는 제퍼슨의 민주주의 철학이 듀이에게 큰 영향을 끼쳤다고 한다.[57] 제퍼슨은 사상의 자유를 외쳤었다. 그리고 그는 신앙의 자유도 주장했다. 그의 민주주의 사상은 인간이 도덕적 존재라는 것을 전제로 한다. 그의 도덕관은 교회와는 무관하다. 기독교의 가르침을 받지 않는 사회에도 도덕이 있다는 것이다. 도덕은 인간에 내재하고, 이웃에 대한 사랑이나 의무감을 자연이 심어놓은 것이라고 한다. 듀이는 인간이 종교와 관계없이 스스로 타인과의 상호 관계를 통해서 도덕적인 존재로 성장한다고 한다. 제퍼슨과 듀이는 교회에 의지하지 않고 인간 자신이 그의 노력으로 도덕에 대한 믿음을 기르고, 또 이 믿음에 근거해서 민주주의를 발전시킬 수 있다고 생각한다.

실용주의가 고정된 진리를 받아들이지 않고, 그때그때 야기되는 문제들을 주어진 상황에 따라 이웃과 함께 하나하나 해결해나가며, 더 나은 방법의 가능성을 열어놓는 탐구 태도는 바로 민주주의 삶의 태도 그 자체다. 퍼스, 제임스, 듀이는 그들의 탐구 논리에 삶의 철학을 일치시킨 셈이다. 이와 같은 이론과 실천의 통합이 실용주의를 특유한 미국 철학으로 만들기도 한다. 실용주의는 과학과 민주주의에 응답하는 사유의 논리를 세우는 철학으로서 미국 땅에 태어난 것이다.

미국에서 민주주의의 역사를 살펴보면 그것은 경험주의적 태도와 밀접하게 연관되어 있으며, 실용주의의 생활철학이 미국 문화의 주요 요소를 이룬다. 일반적으로 개인의 자유와 권리, 그리고 사람들 간의 평등 등의 이념은 경험과학적으로 설명될 수 없는 자연법사상에 속한다고 하지만, 실용주의자들은 그들의 과

근대성과 자아의식

학론에서 민주주의 이념들의 타당성을 확립함으로써 근세 이래 사람들의 사고방식을 지배해온 과학 문명에 대처할 수 있게 된 것이다. 그들은 인간과 자연을 매개하는 가장 기본적인 인식 관계에서 삶의 실천 양식을 설명했던 것이다.

과학은 인간이 자연을 관리하기 위해 얻는 인식의 체계이다. 그 방법은 형이상학과는 정반대다. 사실과 구체성, 그리고 행동에서 자연에 접근하는 절차이다. 그것은 독단과 폐쇄성을 배제하고 무한한 선택의 가능성에서 미래를 전망한다. 민주주의는 이 과학적 방법에 따라 운영될 때 비로소 번창할 수 있다. 실용주의는 민주주의 실현을 위한 이론적 도구이며, 그것은 인간과 자연, 개인과 사회 간의 조화를 유지하는 철학이 된다는 것이다.

제임스는 인간의 모든 경험은 비록 유한할지라도 진리의 원천인 경험에서 자신의 사유와 행동의 지침을 찾는다는 의미에서 실용주의는 인간주의라고 한다.[58] 실용주의는 초월적인 것으로부터 진리를 찾는 것이 아니기 때문에 민주주의 이념들은 모두 인간과 자연, 개인과 사회 간의 관계 안에서 일어나는 우리 자신의 경험에서 형성된다. 제임스는 도덕적 판단의 기준을 인간적 경험의 틀 안에서 정한다.[59] 그의 인간주의는 개인의 자유와 권리, 그리고 만인의 평등 이념의 타당성을 인간적 경험에서 정초한다. 그는 듀이처럼 시장경제가 길러준 경쟁적 개인주의를 배

공동체적 탐구 논리와 진보적 사회사상

격한다. 그는 개인적 자유의 극대화를 바라면서도 경제 영역에서는 오히려 사회주의적 균형을 주장한다.

퍼스가 창시한 실용주의를 대중화한 제임스에게는 사실의 세계와 이념의 세계는 함께 변하며, 그 관계는 상호적이고, 미국 사회의 현실과 민주주의도 함께 발전한다. 그도 듀이처럼 개량주의를 믿으며,[60] 인간은 보다 높은 도덕적 단계를 거쳐갈 것이라고 생각한다. 퍼스는 듀이처럼 사회철학을 이론화하지 아니했지만 그의 철학적 사유도 온전한 사회의 재건에 있었다. 그는 유기체적 공동사회의 공통된 믿음을 통해서 개인의 탐욕, 경쟁적 개인주의, 그리고 개인의 자기소외와 주관주의, 회의주의를 극복할 수 있다고 생각한다. 웨스트C. West는 퍼스의 과학적 탐구 태도와 기독교 신앙이 미국적 실용주의가 싹틀 수 있는 토양을 일궜다고 하며, 이 실용주의는 도시화되고 산업화된 자본주의 미국의 이익사회에서 사랑의 공동체를 건설하려는 이론과 밑천이 되었다고 한다.

미국에서 자본주의가 처음부터 안고 있는 문제는 로크의 소유권론과 신교도의 윤리가 기독교의 사랑의 복음과 어떻게 양립할 수 있는가 하는 것이었다. 이윤 추구적 자본주의는 사회적 다원주의의 적자생존 원리를 수용함으로써 경쟁적 개인주의를 정당화했으나 기독교적 도덕과는 근본적으로 대립해왔다. 이와 같은 모순 관계는 미국적 자유주의가 오늘에 와서도 벗어나지 못하고 있는 위기의 근본 원인이 되고 있는 것이다.[61] 실용주의자들은 진화론을 수용하지만 그들은 사회적 다원주의를 배격한다. 그리고 그들은 무엇보다도 개인의 사적 이익에 공동선을 앞세운다.

4　대화정치와 참여민주주의

　　전후 분석철학의 강세로 주춤했던 실용주의에 대한 관심은 근래에 들어 다시 일기 시작했다. 이 흐름은 철학 영역에서 분석적 방법이 빠져 들어간 막다른 골목길에서 출구를 찾던 차제에 등장한 로티Richard Rorty, 1931~2007의 기여에 큰 힘을 입었다고 하겠다.[62] 그간 듀이 제자인 후크에 의한 계승 노력도 있었지만 새로운 시대적 요청에 부응하는 로티의 탁월한 이론 작업이 미국 철학으로서의 실용주의를 재확인시킬 수 있게 했다.

　　지난 200년 동안 영국 경험론, 독일 관념론, 프랑스 실존주의 등이 미국 학계에 유입되고, 그 나름대로 학파를 이루며 발전하기도 했다. 지난 1960년대 말부터 서서히 일기 시작한 분석철학에 대한 회의는 많은 학자들로 하여금 그들이 놓인 곤경에서 벗어날 수 있는 실마리를 찾게 했으며, 이들은 유럽 철학에서 대안을 모색했다. 이때 로티가 제시한 대안은 다름이 아니라 바로 실용주의다. 그는 절대적 진리, 최종적 진리를 버리고 언제나 무한한 가능성에 열려 있는 실용주의가 철학적 사유의 방향을 다시 정립할 수 있다고 믿는다.

로티는 실용주의의 첫째가는 특징은 반본질주의라고 한다.[63] 진리는 본질을 가지지도 않으며, 진리는 실재에 일치하지도 않는다는 것이다. 로티도 전통적 인식론을 거부한다. 그는 우리가 진리에 관해서 유익한 말을 할 수 있다면 그것은 이론이 아니라 실천이고, 사색이 아니라 행동이라고 천명한다. 로티는 자신의 선대 실용주의자들과 같이 공동체 안에서의 대화를 통한 탐구를 적절한 인식의 절차로 삼는다. 그는 우리의 이웃들과의 대화가 우리의 유일한 지침의 원천이 될 수밖에 없다고 한다. 로티는 실용주의의 탐구 절차를 물려받는다. 그리고 그는 이것을 자신의 민주주의적 공동체론의 이론적 설명의 틀로 삼는다.[64]

전통적 인식론은 우리의 지식과 삶, 그리고 문화가 함께 포함되어 있는 불변의 구조를 찾는다. 로티는 인식의 기반이라고 여겨지던 이 구조가 존재하지 않는다는 주장과 함께 이른바 반기반주의anti-foundationalism의 가장 앞선 변론자가 되었다. 한때 분석철학자들과 현상학자들은 인식, 과학, 철학의 궁극적 기반을 발견

공동체적 탐구 논리와 진보적 사회사상

했다고 믿었다. 사실 이러한 주장은 데카르트 이래 철학이 견지해온 가장 기본적인 개조이지만 로티는 이것에 깊은 회의를 피력하면서[65] 듀이에게서 반기반주의적 전제를 발견한다.

로티는 듀이의 부활을 통해서 미국 철학으로서의 실용주의를 다시 확립하려 든다. 로티는 인식의 기반부터 흔들어놓음으로써 근세 이래 흥성했던 이론 중심적 철학의 허구성을 드러낸다. 듀이는 정확한 표상으로서의 인식 개념의 폐기를 역설하면서 인식론적 회의론자에 대한 기반론자의 데카르트적 응답의 부당함을 분명히 하고 또한 여기서 철학적 사유의 방향을 정했다는 것이다. 로티는 전통 철학에서 지배적인 진리상응론, 표상론, 선험적 주관 개념에 공격을 가한다. 우리의 언어와 낱말, 그리고 관념 들은 이른바 객관적 세계를 반영하는 거울이 아니라 다만 우리가 주위 세계와 관계를 맺는 데 쓰이는 도구들에 지나지 않을 뿐이라는 것이다. 그래서 철학은 자연의 거울이 될 수 없다는 그의 외침이 나오게 된다.

로티는 듀이가 철학이 인식론의 기반주의와 어떻게 결별하는가를 올바르게 보여주었다고 한다. 듀이 철학에 대한 그의 평가가 얼마나 적절한가는 여기서 논의될 수 없겠지만, 중요한 것은 그가 듀이를 유럽의 현대철학 사조와 비교하면서 듀이 철학의 현대적 의의를 밝혀 드러낸다는 것이다. 듀이는 비트겐슈타

근대성과 자아의식

인L. Wittgenstein과 하이데거와 더불어 반反데카르트 혁명을 이끌어 왔다는 사실이다. 로티에 따르면 비트겐슈타인, 하이데거, 듀이는 일상적 경험을 중시하고 이론적이고 추상적 사고를 거부했으며, 이들은 모두 철학이 사유하는 인간과 떨어져서 진리와 실재의 인식에 이르는 길을 가질 수 없다고 주장하는 데서 다 같이 반기반주의자가 된다는 것이다.

여기서 지적되어야 할 점은 로티가 듀이를 포스트모더니즘과 연관짓는다는 것이다. 그러나 듀이는 로티와는 달리 과학에 기대를 걸고 있으며, 실험적 방법에 의해서 인간이 행동 지침에 대한 적절한 판단을 내릴 수 있다고 믿는다. 더욱이 듀이는 포스트모더니즘의 역사관을 받아들일 수 없다. 푸코M. Foucault[66]는 진보를 부인하지만 듀이는 퍼스와 제임스와 함께 인간 세계의 진화를 믿는다. 그들은 역사의 진보를 그들의 철학의 전제로 삼는다.

실용주의 부활에서 로티의 기여는 그의 정치철학일 것이다. 인식론에서의 기반을 부인하는 로티는 인식을 대화와 사회적 실천의 일로 여긴다. 그는 인식의 대화적 정당화를 주장하며 이것을 민주주의와 연결시킨다. 인식론이 대화를 통한 합의를 공통의 근거로 간주한다는 것은 합의정치로 민주주의가 운영되는 것을 가리킨다. 로티는 민주주의에 철학적 기반을 제공하는 것은 아니며, 다만 미국인들이 강하게 애착하는 정치제도와 삶의 양

공동체적 탐구 논리와 진보적 사회사상

식으로서의 민주주의를 철학적으로 설명한다.[67] 로티는 미국의 문화 전통에서 인식과 삶, 이 두 양식의 연원을 밝힌다. 이것은 실용주의가 미국의 문화라는 것을 의미한다.

인식의 대화적 정당화는 주어진 문화적 맥락 안에서 이루어진 다. 로티는 이를테면 지식사회학적 방법에 의거하는 것 같다. 달 리 말한다면 그는 역사주의의 전체론적 방법에서 민주주의가 미 국 사회에서는 당연지사로 여겨진다는 것을 설명한다. 여기서의 문화적 맥락은 쿤T. Kuhn의 사유의 패러다임과 같은 것이며,[68] 주 어진 공동체에서 널리 통용되어온 이 패러다임을 통해서 민주주 의가 설명된다.[69]

듀이는 개인의 경험은 그가 속하는 사회의 성원으로 획득한 문화의 맥락 안에서 일어난다고 한다. 철학자의 사유도 이 맥락 에서 설정된 조건들에 의해 규정된다. 철학 사상도 문명의 끊임 없는 변천과의 연관에서 달라진다는 것이다.[70] 인식은 유기체로 서의 인간과 그의 주위 세계 사이에서 일어나는 경험의 양식이 라면 그것은 이 주어진 전체 상황에서 일어난다. 이 상황은 고정 되어 있지 않다. 이 경험의 장은 변한다. 인식 불변의 기반은 존 재하지 않는다는 것이다. 로티는 이 점에서 듀이를 기반주의에 대한 맥락주의contextualism로 특징짓는다.

앞서 언급된 바와 같이 로티는 미국 문화의 맥락 안에서 민주

근대성과 자아의식

주의의 타당성을 설명한다. 건국 이래 변화와 지속 가운데서 내려온 정치체제에 대한 지식과 그 안에서의 행동 규범이 미국인들로 하여금 큰 갈등과 대립 없이도 대화에 참여할 수 있게 하는 지적이고 도덕적이며 정서적인 지평이 된다. 이렇게 해서 로티는 듀이의 철학을 해석학과 같은 현대철학과 동일한 선상에 놓음으로써 그 현대적 의의를 확인시켜준다. 그는 실용주의를 19세기 말에서 20세기 전반까지 이어져왔던 철학 운동으로서가 아니라 퍼트남H. Putnam의 표현을 빌린다면 영속적인 중요성을 지닌 사유 양식으로서[71] 우리에게 제시한다.

퍼스와 듀이가 현대 독일 철학에 끼친 영향은 적지 않다. 아펠의 의사소통적 윤리학[72]과 하버마스의 의사소통 행위론[73]이 그 대표적 예가 될 것이다. 실용주의에서 전개된 공동체를 통해 진행하는 탐구의 논리가, 아펠과 하버마스가 근거로 하는 인간과 인간 사이의 상호 의사소통의 구조를 분석하는 데 큰 도움을 준 것이며, 인식론의 유아론적 울타리를 무너뜨리는 데 큰 기여를 했다. 이들은 실용주의 철학이 현대사회 이론의 재구성에 크게 일조할 것으로 믿는다.

1   J. L. Blau, *Men and Movements in American Philosophy*(New York: Prentice-Hall, 1952), pp.228~229.

2   Sidney Hook, *Pragmatism and the Tragic Sense of Life*(New York: Basic Book, 1974), pp.3~4.

3   J. P. Diggins, *The Promise of Pragmatism*(Chicago: The University of Chicago Press, 1994), p.395.

4   W. I. Lenin, *Materialismus und Empiriokritizismus*(1909)(Berlin: Dietz, 1970), p.346.

5   Karl-Otto Apel, *Der Denkweg von Charles S. Peirce*(Frankfurt: Suhrkamp, 1975), p.11.

6   Richard J. Bernstein, "In Defence of American Philosophy," in: *Contemporary American Philosophy*, J. E. Smith, ed.(London: Allen & Unwin, 1970), pp.294~311.

7   C. Peirce, "The Fixation of Belief," *Philosophical Writings of Peirce*(New York: Dover, 1955), pp.5~22.

8   Peirce, "Synechism, Fallibilism and Evolution," *Philosophical Writings of Peirce*, p.356.

9   W. James, *Pragmatism and four Essays from the Meaning of Truth*(New York: New American Library, 1955), p.42.

10 Blau, *Men and Movements in American Philosophy*, p.255.

11 Cornel West, *The American Evasion of Philosophy: A Genealogy of Pragmatism*(Madison: The University of Wisconsin Press, 1989), p.67.

12 James, *Pragmatism*, pp.49~50.

13 John Dewey, *Knowing and the Known*, with A. F. Bentley(Boston: Beacon, 1949), p.53; E. C. Moore, *American Pragmatism*(New York: Columbia University Press, 1961), p.190에서 재인용.

14 Dewey, *The Influence of Darwin on Philosophy*(New York: Holt, 1910), p.240.

15 Dewey, *The Quest for Certainty*(New York: Minton, 1934), p.166.

16 Dewey, *Experience and Nature*(Chicago: Open Court, 1925), p.151.

17 Peirce, "Some Consequences of Four Incapacities," *Philosophical Writings of Peirce*, p.229.

18 West, *The American Evasion of Philosophy: A Genealogy of Pragmatism*, p.47f.

근대성과 자아의식

19 Peirce, "Some Consequences of Four Incapacities," p.247.

20 Peirce, "Critical Common-Sensism", *Philosophical Writings of Peirce*, pp.290~301.

21 James, *The Meaning of Truth*(Cambridge: Harvard University Press, 1978), p. 196f.

22 James, *Pragmatism*, p.141.

23 Dewey, *Reconstruction in Philosophy*(1920)(Carbondale: Southern Illinois University Press, 1988), p.100.

24 Dewey, *The Public and Its Problems*(Athens: Swallow Press, 1980), p.154.

25 Dewey, "The Lost Individual," *The Philosophy of John Dewey*, p.599.

26 Dewey, *Democracy and Education*(New York: The Free Press, 1966), p.295.

27 Dewey, "The Pattern of Inquiry," *The Philosophy of John Dewey*, p.235f.

28 W. H. Kilpatrick, "Dewey's Influence on Education," *The Philosophy of John Dewey*, P. A. Schilp & W. H. Hahn, ed.(La Salle: Open Court, 1951), p.467.

29 Dewey, *Human Nature and Conduct*, p.216.

30 Peirce, "Evolutionary Love," *Philosophical Writings of Peirce*, p.365.

31 Peirce, "Evolutionary Love," p.364.

32 E. Flower & M. G. Murphey, *A History of Philosophy in America*, Vol. 2(New York: Capricorn, 1977), p.617.

33 James, "The Moral Philosopher and the Moral Life," *Essays in Pragmatism*(New York: Hafner Press, 1948), p.65.

34 Diggins, *The Promise of Pragmatism*, p.240.

35 Dewey, *The Theory of the Moral Life*(New York: Irving, 1960), p.22ff.

36 Dewey, *Human Nature and Conduct*(Carbondale: Southern Illinois University Press, 1988), p.9.

37 Dewey, *The Theory of the Moral Life*, pp.28~29.

38 Dewey, *Human Nature and Conduct*, p.204.

39 Dewey, "The Influence of Darwinism on Philosophy," *The Philosophy of John Dewey*, pp.31~31; Diggins, *The Promise of Pragmatism*, p.240.

40 Dewey, *Reconstruction in Philosophy*, p.181.

41 Dewey, *Democracy and Education*, pp.41~53.

42 Dewey, *Reconstruction in Philosophy*, p.186.

43 Dewey, *The Public and its Problems*, pp.143~184.

44 Diggins, *The Promise of Pragmatism*, p.301.

45 P. B. Westbrook, *John Dewey and American Democracy*(Ithaca: Cornell University Press, 1991), p.xv.

46 P. K. Conkin, *Puritans and Pragmatism*(New York: Dodd, Mead & Co., 1968), p.71.

47 Dewey, "Toward a New Individualism," *The Philosophy of John Dewey*, p.608ff.

48 Dewey, *The Public and Its Problems*, p.205.

49 Arthur M. Schlesingger Jr., "Sources of the New Deal," *Paths of American Thought*, A. M. Schlesinger and Morton White, ed.(Boston: Mifflin, 1963), p.379.

50 Dewey, "Renascent Liberalism," *The Philosophy of John Dewey*, p.644.

51 A. Ryan, *John Dewey and the High Tide of American Liberalism*(New York: Norton, 1995), p.36.

52 K. M. Dolbeare, *Directions in American Political Thought*(New York: Wiley, 1969), p.275; R. B. Westbrook, *John Dewey and American Democracy*(Ithaca: Cornell University Press, 1991), pp.429~462.

53 Dewey, *Reconstruction in Philosophy*, pp.181~182.

54 C. W. Mills, *Sociology and Pragmatism*(New York: Oxford University Press, 1969), pp.391~425.

55 Mills, *Power, Politics and People*(New York: Oxford University Press, 1963), p.292.

56 Mills, *The Power Elite*(New York: Oxford University Press, 1956).

57 Dewey, *The Living Thoughts of Thomas Jefferson*(Greenwich: Fawcett, 1950); S. K. Padover, *The Meaning of Democracy*(New York: Praeger, 1963), p.70.

58 James, *Pragmatism*, p.238.

59 James, "The Moral Philosopher and the Moral Life," p.84.

60 James, *Pragmatism*, p.185.

61 Diggins, *The Lost Soul of American Politics*, pp.337, 341.

62 Diggins, *The Promise of Pragmatism*, p.407.

63 Richard Rorty, *Consequences of Pragmatism*(Minneapolis: The University of Minnesota Press, 1982), p.162.

근대성과 자아의식

64 Rorty, *Contingency, Irony, and Solidarity*(Cambridge: Cambridge University Press, 1989), pp.44~69; *Philosophical Papers*, Vol. I(Cambridge: Cambridge University Press, 1991), pp.175~196.

65 Rorty, *Philosophy and the Mirror of Nature*(Princeton: Princeton University Press, 1979), pp.155~164.

66 Michel Foucault, *The Order of Things*(New York: Vintage, 1973).

67 Ryan, *John Dewey and the High Tide of American Liberalism*, p.355; Rorty, "Priority of Democracy to Philosophy," *Philosophical Papers*, Vol. I, pp.175~196.

68 Thomas Kuhn, *The Structure of Scientific Revolutions*(Chicago: The University of Chicago Press, 1979).

69 Rorty, *Philosophy and the Mirror of Nature*, pp. 344~345.

70 J. Herman Randall, "Dewey's Interpretation of the History of Philosophy," Schilp & Hahn ed., *The Philosophy of John Dewey*, p.100; Dewey, *Philosophy and Civilizations*(Gloucester: Smith, 1968), p.7.

71 Hilary Putnam, *Pragmatism*(London: Blackwell, 1995), p.xi.

72 Apel, *Der-Denkweg von Charles S. Peirce*.

73 Jürgen Habermas, *Erkenntnis und Interesse*(Frankfurt: Suhrkamp, 1968); *Theorie des Kommunikativen Handelns*(Frankfurt: Suhrkamp, 1981).

기술적 합리성과
세계의 운명

1 인간과 역사

　　사회 과정이나 역사의 흐름을 이해할 때 철학자들은 인간의 능동성을 강조한다. 지난 20세기 문명의 위기를, 주체성을 말살하는 자연주의에서 보려는 현상학과 실존 사상의 주장은 지금에 와서도 그 논거의 타당성은 흐려지지 않고 있다. 이 두 철학 사상이 주창하는 인간의 능동성은 아직도 주목할 만한 입론이기도 하다. 지난 세기말의 공산권 붕괴의 원인 규명에서도 많은 마르크스주의 이론가들은 역사 변화에서 인간의 능동적 역할을 인정하지 않았던 사회주의 체제에 그 잘못을 돌리기도 한다. 마르쿠제H. Marcuse는 20세기의 양대 사회체제를 이루어왔던 자본주의와 사회주의의 한계를 인간의 주체성 상실에서 찾았던 사상가들 가운데 가장 깊은 영향을 끼친 철학자다. 19세기 후반부터 자연과학은 다른 학문의 방법론을 대치하기 시작했으며 과학적 지식으로 인간과 사회에 대한 모든 것을 논하려던 경향은 역사마저도 자연사로 간주하기에 이르렀다. 역사 발전의 단계를 공식화하기를 즐겼던 많은 마르크스주의자들은 역사 변화가 합법칙적으로 진행한다고 보았으며, 원시사회에서 자본주의로의 이행은 법칙적으로 이루어졌으며 따라서 공산주의 단계로의 이행도 필연적인 자연사의 일부로 간주했었다. 그러나 마르쿠제는 자연은 스스로 생성하더라도 인간의 역사는 인간 자신에 의해서만 만들어지고, 이 인간은 사유하며 행동하는 주체로서 역사를 만든다고 했던 것이다.

제1차 세계대전을 전후한 유럽 사회에서 지식인들은 역사 발전의 방향에 대해 그들 나름대로 철학적 통찰을 필요로 했다. 자본주의의 운명과 그 대안으로서 사회주의의 전망을 둘러싸고 지식인들은 자신들의 세계관을 정립하지 않으면 안 되었다. 러시아혁명과 세계대전이 유럽 역사를 일정한 방향으로 밀고 갈 것이라고 기대했던 지식인들은 그 후에 일어나는 일련의 사건들로 인하여 사회주의로의 역사 전개의 가능성에 실망하지 않을 수 없었다.

이때 나온 역사철학서가 루카치G. Lukács의 『역사와 계급의식』이었다.[1] 전후 독일에서 사회주의 혁명이 좌절되고 변화의 가능성을 볼 수 없었던 젊은 사회주의자들에게 이 저서는 그들의 역사관의 수정을 요구했다. 루카치에 따르면 프롤레타리아에 의한 변혁이 법칙에 따라 자연스럽게 일어나는 것이 아니라 이 계급의 주체적인 자각과 능동적인 간여를 통해서만 달성될 수 있다는 것이었다. 후설의 현상학과 하이데거의 실존철학의 영향을 받았던 마르쿠제에게 루카치의 역사철학은 새로운 길을 열어주는 단초를 제공했다.

1928년에 마르쿠제는 「사적유물론의 현상학」[2]이라는 논문을 발표했다. 후설의 후임으로 프라이부르크 대학에 부임한 하이데거는 1927년에 서양철학사에 획기적 장을 열었던 『존재와 시간』[3]을 내놓음으로써 강단 철학인 신칸트주의와 신헤겔주의에 의해서 주도되고 있던 당대에 신선한 바람을 불어넣었는데 마르쿠제는 이를 구체철학으로 받아들여 마르크스의 역사철학과 접합시키려고 했다. 하이데거는 '실존', '현존재', '죽음', '심려' 등의 구체적 개념들을 가지고 후설의 선험적 범주들을 대치했으며, 마르쿠제는 실존주의화된 하이데거의 사상을 통해서 마르크스의 사적유물론을 재구성했던 것이다.

하이데거는 존재의 의미를 물었으며 이것의 해명이 인간의 존재 양식을 통해 이루어졌던 반면에 마르쿠제는 『존재와 시간』에서 다루어지는 인간적 현존재의 문제를 그의 역사철학의 출발점

기술적 합리성과 세계의 운명

으로 삼았다. 인간적 현존재는 일차적으로 역사적 현존재이며 역사적 행위를 하는 데서 그의 본질을 갖게 된다는 것이다. 그런데 이 역사적 행위는 마르크스주의의 진리를 이루는 것이다. 역사적 행위는 곧 혁명이다. 그러나 이 혁명은 역사 발전의 필연적 과정이 아니라 하이데거가 말하는 '본래적 존재'로의 결의를 가리킨다. 그래서 마르쿠제는 하이데거의 현상학과 마르크스의 사적유물론이 결합할 수 있다고 믿었다.

역사는 의식을 가진 인간의 행동을 통해서 만들어진다는 것이다. 인간은 세계 안에 있지만, 그저 존재하는 것이 아니라 의식과 행동으로 이 세계와 관계를 맺는다. 그는 자기 보존을 위하여 자연에서 생존 수단을 찾는 일을 한다. 이 일은 사냥과 목축이고 땅을 일구어 씨를 뿌려 곡식을 거두어들이는 일이 된다. 이렇게 일하는 가운데 그는 자연의 현상들을 구별하고 식별하게 되고 또 이 지식을 바탕으로 자연과의 관계가 한결 쉬워지며, 인간은 자연을 있는 그대로 받아들이는 것으로 그치지 않고 더 나아가서 이를 자신의 편리에 따라 변형시키기도 한다.

이렇게 해서 인간은 의식과 행동으로 자연과 관계하며, 다른 한편으로 그는 집단이나 사회 안에서 다른 인간과도 관계를 맺는다. 그는 자신과 함께 사는 다른 인간들과 여러 형태의 관계를 통해서 함께 일도 하고 때로는 다투기도 하며 함께 놀이도 즐긴다. 인간은 가족이라는 공동체 안에서 그리고 국가라는 조직체 안에서 다른 인간들과 함께 삶을 영위한다. 이 영위는 인간 스스로 하는 것이며, 그 삶의 장은 자연과 사회로 형성되는 세계이고 이 세계는 인간의 의식과 행동으로 그 역사를 만들게 한다. 그런데 이 역사를 인간과는 무관한 것으로 보는 역사 이론이 19세기 말을 전후해서 자연과학적 사고에 압도되었던 사람들에 의해서 제시되었다.

지난 1920년대에 결성되었던 프랑크푸르트학파의 비판 이론은 이와 같은 역사 이론을 전적으로 거부했다. 이 학파의 1세대에 속했던 마르쿠제는 호르크하이머M. Horkheimer와 아도르노T. Adorno와 함께 공산주의 혁명이 어느 특정의 사회적 여건 아래 일어난다는 결정론을 배격했던 것이다. 비판 이론가들은 루카치의 주장에 따라 인간의 의식적 실천이 사회 발전의 중심에 있고, 마르크스의 혁명론이 가리키는 인간 해방의 원동력이라고 했다. 마르쿠제는 이 인간적 실천을 하이데거의 실존철학에 입각해서 새롭게 설명했던 것이다.

후설의 선험철학이 인간의 주관을 모든 인식의 원천으로 삼았다고 하면 하이데거는 이 주관을 세계 안에서 역사를 만드는 실존으로 바꾸어놓았으며, 마르쿠제는 주관과 실존으로서의 인간을 역사 변화의 주체로 만들어놓은 셈이다.

기술적 합리성과 세계의 운명

1979년 7월 29일 세상을 떠나기 1년 전 그의 탄생 80주년 기념으로 가졌던 TV 대담에서 마르쿠제는 말하기를, 그가 평생에 성취한 것이 있다면 그것은 소수 젊은이들의 의식을 바꾸어놓았다는 것이다. 스승 후설의 현상학적 전통에 따라 그는 인간 의식의 능동성을 믿었으며, 하이데거에 따라 구체적인 상황에 실존하는 인간 주체의 결단이 역사를 변화시킬 수 있다고 보았던 것이다.

마르쿠제는 정통 마르크스주의자들의 주장과는 달리 어느 특정한 사회적 조건의 성숙으로 역사가 저절로 바뀌는 것이 아니라 의식의 혁명이 사회적 혁명의 선행 조건임을 강조했다. 러시아혁명을 주도했던 볼세비키의 지도자 레닌은 결정론자였으며 그에게 사회 현실의 인식은 주어진 객관적 조건을 그대로 반영하는 것이었고, 혁명적 행위 자체도 이 인식에 준하는 것이었다. 그러나 마르쿠제와 같은 비판 이론가들에게 사회 현실의 인식은 결코 밖의 세계의 모사模寫가 아니다. 그것은 인간적 행위의 산물이고, 또한 사회적 행위는 사회적 여건을 능동적으로 극복하는 것이어야 한다. 인간이 밖의 세계에 의미를 부여하고 이 의미에 따라서 그의 행위는 이 세계를 형성시킨다는 것이다.

근대성과 자아의식

2 자본주의 이성의 비이성화

1844년의 『경제학 철학 수고』가 1932년에 발견되어 세상에 발표되면서 사회주의 성향을 지닌 유럽의 지식인들은 루카치의 역사철학이 마르크스 사상에 충실했음을 알게 되었다. 마르쿠제에게 이 수고의 의의는 지대했다. 그가 현상학과 사적유물론을 결합시키려던 노력은 단순한 시도가 아니라 마르크스의 진정한 철학적 이념에 부합했던 것으로 증명되었다. 그에게는 하이데거와 마르크스가 유럽 사회의 위기를 헤쳐 나갈 수 있는 대안을 제시하는 이론이었다. 『경제학 철학 수고』에 나타난 마르크스의 모습은 현상학과 실존철학이 용납할 수 있는 모든 것이었다. 그것은 인간주의를 자처할 수 있는 철학자의 진면목이기도 했다.

마르쿠제는 이 수고의 발간을 계기로 같은 해 「사적유물론의 정초를 위한 새 자료」[5]라는 논문을 써 루카치에 이어 마르크스 연구에 새 전기를 마련했던 것이다. 이때까지만 하더라도 마르크스 사상과 마르크스주의는 경제결정론의 테두리 안에서 논의되었으나 이 『경제학 철학 수고』는 마르크스 이론의 경제학적 범주들에 대한 철학적 비판의 중요함을 보여주었으며, 이는 마르쿠제의 실존철학적 소양에 걸맞은 것이었고 그전의 사상 체계를 관통하는 인간주의 이념을 확립시켜주기도 했다.

정치경제학은 자본, 노동, 토지 등 관찰되는 사실의 기술로 이론을 형성한다. 반면에 마르크스는 자본주의 경제체제의 노동 상태를 '실존' 분석을 통해서 설명한다고 마르쿠제는 해석한다. 노동의 소외는 인간이 인간으로서 갖는 본질로부터 소외됨을 가리킨다. 따라서 노동의 소외는 관찰의 대상이 아니라 이해의 대상이다. 이것은 정치경제학의 사실 개념으로 설명되는 것은 아니다. 그것은 가치 개념을 통해서만 이해될 수 있다.

마르쿠제는 1933년의 「경제학적 노동 개념의 철학적 정초」[6]에서 마르크스처럼 노동을 인간의 본질로 정의함으로써 이후에 나오는 저서들에서도 이것을 그의 이론 형성의 관건 개념으로 삼았다. 노동은 인간의 자기 창출의 행위라고 정의된다. 이 행위를 통해서 그는 인간이 된다. 노동은 인간의 생성이며 동시에 그의 존재이다. 그는 노동하면서 자신과 그리고 그의 세계와 관계를 맺는다. 인간은 이와 같은 관계 맺음에서 자신에게 주어진 것을 전유하며, 이것에 현실을 부여한다. 그리고 이 안에서 자아실현을 꾀한다. 이것은 인간이 자유롭다는 것을 의미한다. 자유는 인간의 욕구와 요구에 모순되는 것이 아니라 오히려 이것들에 근거한다. 그러나 이 주어진 여건을 넘어서는 것이 자유다.

그런데 자본주의 경제구조 안에서 노동이 더 이상 인간의 자아실현이 되지 못할 때 인간의 자기부정이 생긴다. 정치경제학은 이것을 설명하지 못했던 것이다. 노동하는 인간은 그의 생산물로부터 낯설어지고, 그것을 장악하지 못한 채 무력감을 겪어야 할 때 그는 자신의 노동으로부터 소외된다. 이 소외가 비인간화다. 자본주의 경제의 사상적 근간이 되는 자유주의는 소유가 개인의 행복 추구의 수단이 된다고 하지만, 실제로 소유는 인간의 노예화의 수단이 되고 말았으며, 이것이 역사적 사실이기도 하다고 마르쿠제는 마르크스와 함께 공감한다.

그러나 이 역사적 사실은 인간의 본질 역사와 같을 수는 없다. 인간에게 있어서 본질과 현존은 분리되어 있다. 여기서 요청되는 바는 마르크스와 하이데거가 주장하는 것처럼 본질과 현존이 결합되도록 실천적 결단을 내리는 것이다. 이 결단으로 인간의 참 역사성이 입증된다는 것이다. 마르쿠제는 종래의 기계론적 역사철학의 잘못을 이와 같은 논리에 따라 고찰하려고 했다.

노동은 의식적 활동이다. 그것은 마음과 몸을 지닌 인간의 행위이다. 노동은 단순히 생존 수단의 획득 행위로만 간주될 수 없다. 그것은 세계 안에서 인간의 기본적 존재 양식이다. 마르쿠제는 일반적으로 여겨지고 있는 경제학적 노동 개념과는 달리 인간학적 현존재에 근본적으로 일어나는 노동의 개념을 제시한다. 이 노동은 '세계 내 존재 양식'으로서 인간의 '함Tun'이 된다.[7] 이 함을 통해서 인간은 자신을 알게 되고 그 자신이 되며 그의 현존재의 형태를 갖게 된다. 노동은 그것이 만들어내는 대상이나 그 목적 또는 결과를 통해서가 아니라 그 안에서 인간이 인간이 됨을 통해서 규정된다는 것이다.[8]

　마르쿠제의 노동관은 신교도의 근검절약의 윤리와 자본주의 정신을 연관짓는 베버의 그것과는 다르다. 그것은 합리적 조직화로 노동이 보다 큰 부를 창출함으로써 신의 소명에 응한다는 신학적, 경제적 노동 개념이 아니라 대상화를 통한 인간의 자기 확인이 노동이라는 것이다. 마르쿠제는 그가 정의하는 이 노동 개념으로 현대의 선진 공업사회에서 일어나고 있는 또 다른 형태의 노동 소외를 설명한다. 고도의 생산성에 수반하는 노동의 합리화가 결과하는 비인간화가 바로 그것이다.

　마르쿠제가 1955년에 쓴 『에로스와 문명』[9]은 자신이 초기에 썼던 노동 개념에 근거해서 성과주의를 직업윤리로 하는 후기 자본주의 사회가 개인의 자아실현으로서의 노동을 억압하고 있다는 것을 확연하게 해준다. 마르크스가 『경제학 철학 수고』에서 노동이 자본에 의한 수탈로 인간소외가 초래된다고 했다면, 이 1955년의 이 저서는 수탈이 아니라 작업의 조직화에 의한 본능의 억제가 인간 상실을 결과한다고 단정한다.

후기 자본주의에서 삶의 원칙은 업적주의다. 삶의 과정은 경쟁의 연속이며, 부의 배분은 능력의 성과에 의해 정해진다. 경쟁은 본능의 충족을 단념시키는 생존 투쟁이기도 하다. 경쟁하는 동안 향락은 멈춘다. 고도로 발달한 자본주의 사회에서는 업적이 현실 원칙이며 이의 준수가 개인의 자기 보존이 된다. 이런 경우에 노동은 인간의 자아실현이 될 수 없으며 삶의 구체적 자아는 말살되고 만다. 마르쿠제에게 개인은 단순한 경제주체가 아니다. 그가 비록 생존 수단의 획득을 위해 노동한다고 하더라도 이 노동은 그 자신의 자아실현의 일부가 되어야 한다. 그러나 고도 산업사회에서의 생산양식은 노동으로 개인의 자아실현을 이루지 못하고 있다는 것이다.

현대 자본주의 사회에서는 19세기 중엽에 마르크스와 엥겔스, 그리고 그들의 추종자들이 두려워했던 자본과 노동의 분업으로 인한 유산계급과 무산계급의 극단적 대립은 없어졌지만, 사회 성원 대다수는 절대적 빈곤에서 벗어났다고 하더라도 부단히 상

기술적 합리성과 세계의 운명

승하는 욕구의 충족을 위해서 일을 해야만 하고, 그 수단의 획득을 도모하는 데 온갖 고통스러운 과정을 겪어야 한다. 개인적 삶의 중요한 부분을 차지하는 노동시간에는 쾌락은 포기되고 고통이 압도할 뿐이다.

인간은 고통을 피하고 향락을 추구한다는데, 고도 산업사회에서는 이 쾌락 원칙이 현존 질서와 양립할 수 없게 된다. 요구는 체계적으로 억제되고 만다. 이처럼 업적주의를 현실 원칙으로 하는 자본주의에서 노동은 쾌락의 부정이며 욕구 충족의 부재이다. 이런 상황에서 개인은 자신을 위해서보다는 그가 속하는 생산 장치를 위해 일하고 자신의 능력과 욕망과는 일치하지 않는 활동을 하게 된다. 그래서 개인은 자신과는 무관한 노동을 하게 된다. 이것이 현대사회에서 나타나는 소외된 노동의 한 형태이다.

자본주의는 어느 단계를 막론하고 고도의 생산성을 유지해야만 한다. 고도의 생산성은 서구의 근세 이래 최상의 가치가 되어 왔다. 이 가치에 따라 업적주의 또는 실력 지배라는 이념이 생겼으며 개인은 그가 얼마만큼 생산적이냐에 따라 평가된다. 근세에 들어와 발달한 과학과 기술은 인간의 생산성의 정도를 극대화하는 데 불가결의 요소가 되었으며 고도의 생산성을 위한 자연의 관리와 변형에 절대적으로 기여했다. 그래서 과학과 기술은 오늘날 우리가 알고 있는 문명의 추진력으로 여겨지게 된 것이다.

마르쿠제는 프로이트S. Freud의『문명과 그 불만들』[10]을 통해서 정신분석 이론을 바탕으로 자본주의 사회의 통치 원리를 실적 원칙[11]으로 정립하고, 이에 근거해서 노동의 조직화가 삶에 미치는 억압적 영향의 문제점을 파헤친다. 자본주의에서는 업적주의가 행위 기준이다. 그리고 그 사회는 성원들의 경쟁적인 성취도에 따라서 계층지워진다. 자본주의 사회는 성취 사회이다. 이 사회에서는 개인의 욕구 충족이 합리화된 조직 생활에 맞추어져야 하기 때문에 불가피하게 지연된다.

베버는 현대사회의 조직을 설명하면서 이미 합리화의 문제를 제기했었다. 그는 자본주의 사회를 '예속의 집'으로 특징지웠다. 신교도의 근면과 금욕의 생활윤리가 생산성 제고와 자본 축적을 가능하게 했지만 삶의 합리화는 인간을 생산 장치에 예속시키고만 셈이다. 비판 이론가들은 베버의 사회 이론의 중심 개념인 '합리성'을 가지고 후기 자본주의 분석에 널리 원용했으며 마르크스의 소외론의 범위를 넓혀나갔다. 베버가 합리성 개념을 행정과 생산의 관료적 조직에 적용하고 세계의 운명을 합리화로 규정했던 것과 같이, 마르쿠제는 현대 산업사회가 발달시킨 과학과 기술이 새로운 지배 형태가 된다고 보았다. 베버가 말하는 관료 조직의 형식적 합리성이 탈인격화를 가져옴으로써 실질적 합리성을 잃게 된다고 했다면 마르쿠제는 이러한 과정을 '합리성의 비이성화'라고 했다.

실적을 쌓아 올리는 데는 모든 정신적, 물질적 자원의 합리적 동원화가 요청된다. 합리화는 인간을 중세의 미몽에서 일깨우는 역할을 했다. 그것은 인류 역사에서 인간을 빈곤으로부터 해방시키고 물질적 풍요를 바탕으로 자아실현의 가능성을 마련해주었다. 그러나 근세 이래 부단히 진행해온 삶의 합리화는 인간을 조직에 예속시킴으로써 탈인격화를 가져왔다는 데서 합리성의 비이성화가 빚어진 것이다.

이성은 인간의 사유 능력으로서 그를 밖의 세계와 관계맺게 해준다. 서구의 지성사는 이 이성의 역사라고 할 수 있을 만큼 그것의 성격에 따라 역사가 설명될 수 있다고 한다. 그리스 시대에서 근세 이전까지 이성은 인간의 이론적, 실천적 문제를 해결해주는 모든 기준을 지니고 있는 것으로 여겨졌다. 참과 거짓, 선과 악을 식별하는 능력으로서 이성은 거의 절대적이었으며, 이 능력이 본래는 신의 것이나 인간에게도 부여된 것으로 믿어졌다. 그러나 근세에 이르러 자연과학의 발달은 이성에 대한 정의를 달리하게끔 했다. 이성은 자연을 측정하고 경험을 수학화하고 생산력을 조직화하는 능력으로 바뀌었다. 16세기 종교개혁으로 생겨난 합리적 생활관은 이러한 이성 개념의 의의를 더욱 심화했으며 이것을 자본주의 이성으로 발전시켰던 것이다.

자본주의 이성은 계산$_{ratio}$이란 뜻을 지니는 합리성이다. 이윤 증대를 목표로 모든 자원을 계산해서 조직적으로 동원한다고 할 때, 합리적이라는 표현이 쓰인다. 합리성은 자본주의 발달의 불가결의 조건이다. 일상생활의 합리화는 업적을 올리는 조건이다. 쾌락 추구는 억제되고 아침부터 저녁까지의 모든 일과는 설정된 생산 목표의 달성으로 정향되어야 한다. 이것이 베버가 말하는 바와 같이 금욕주의적 윤리관에 의해서 서구 자본주의가 발달할 수 있었다는 것을 설명해준다.

마르쿠제에 따르면 자본주의 이성은 합리화 과정을 통해서 비이성이 되어버린다. 왜냐하면 고도의 생산성과 자연 관리가 인간의 자기소외를 가져옴으로써 파괴적 힘이 되기 때문이다. 경쟁은 주어진 사회 안에서 개인과 개인 간에, 집단과 집단 간에 일어나는 것으로 그치지 않으며, 그것은 나라와 나라 사이에서 자원 쟁탈전으로 이어져나가기 때문에 자본주의 이성은 파괴적이라는 것이다. 이성은 더 이상 참과 거짓, 선과 악을 식별하는 능력이 되지 못하고 목적 달성을 위한 수단의 조직과 능력으로 전락해버린다. 이것이 자본주의 이성의 비이성화다.

마르쿠제는 '과잉 억제'라는 개념도 도입한다. 프로이트의 정신분석학은 인간이 자신의 본능 억제로 인하여 욕구 좌절을 겪

215

게 되면 정신 이상증을 앓게 된다고 하는데, 마르쿠제는 업적주의 원칙으로 노동이 통제되고 개인들이 자신들의 고유한 삶을 영위하지 못하여 조직체가 이미 설정한 기능만을 수행할 때 삶은 '과잉 억제' 된다고 본다. 자본주의의 현실 원칙은 업적주의이며, 이것에 맞추어 개인적 자아는 적응해야 하고, 살아남기 위해서 그들은 경쟁에 적극적으로 참여해야 한다. 이렇게 함으로써 개인의 주체성은 상실된다.

본능의 억제가 개인과 사회의 보존에 필요하다는 것은 부인할 수 없는 사실이기도 하다. 그리고 경제 성장과 사회 발전을 위해서는 과잉 억제가 뒤따른다는 것도 부인될 수 없을 것이다. 그러나 현대 자본주의 사회는 물질적 성장이라는 원칙에 따라 전진하면서 지속적인 금욕과 규율을 요구함으로써 물질적 풍요를 바탕으로 개인의 행복을 추구한다는 자유주의의 근본 신조를 저버린 셈이다.

3   기술적 진리와 일차원적 사유

자본주의가 줄곧 성장해온 것은 아니다. 일련의 시련은 필연적 과정이었으며 현재도 여러 가지 어려움은 있다. 그러나 그것이 다른 경제체제에 비해 이론상으로 월등한 것은 아닐지라도 실천에서는 그 우월함을 과시했다고 말할 수 있을 것이다. 비록 자본주의 생산양식이 과잉 억제를 통해서 인간성을 상실하게 한다고 하더라도 이러한 소외 상태를 사회 성원 모두가 자각하는 것은 아니다. 사회주의 세력의 도전이 시작된 이래 이 체제는 꾸준히 자기 교정을 거듭해왔다. 그러나 근본적 변화는 아직은 일어나지 않았다. 그 이유는 단순하다. 자본주의가 과학과 기술의 진보에 의존하고 있는 한, 이성의 비이성화는 중단되기 어렵다는 것이다.

합리화, 탈마술화, 공업화가 현대의 운명이라면 인간의 예속화도 피할 수 없는 것이다. 그런데 이 예속화로부터 개인들이 과연 해방되려고 할까라는 물음이 나온다. 변증법을 역사의 발전 법칙으로 보는 정통 마르크스주의자들과는 달리 마르쿠제는 역사가 인간의 자기해방을 향해서 전진하기를 중단했다고 단정한다. 마르쿠제는 변증법을 비판적 사유 양식으로 정의하고 자본주의 사회에서 그 기능이 정지됐음을 선언한다. 대부분의 사회 성원들은 자신의 소외 상태를 깨닫고 있지 않다는 것이다. 그리고 비판의 부재는 현실 자본주의의 현상 유지를 가리킨다는 것이다. 인간이 의식과 행동으로 역사를 만들며 그리고 자본주의 이성은 참과 거짓, 선과 악을 식별하는 능력으로 그릇된 질서를 전도하고 참의 실현을 통해서 역사를 전진시켜나갈 수 있다고 하더라도, 이제 그는 체제의 근본적 변화를 도모할 위치에 있지 않는다는 것이다.

비판적 사유로서 변증법의 기능 중단은 과학과 기술의 진보 때문이다. 계산하는 능력으로서의 이성은 과학적 이성이고 기술적 이성이다. 그러나 이 이성은 자본주의 발달과 함께 실존, 인격, 주체성 등 인간이 인간 됨을 보여주는 개념들의 의미를 이해할 수 없게 되었으며, 오로지 현실 원칙에 일치해서 기존의 생산 질서에 적응하는 데 힘이 되었을 뿐이다. 한때 당연하게 여겼던 이성의 자율성은 인간의 사유와 감정 그리고 행동이 조직체의 요구에 의해서 규정되는 지금에서는 그 의의를 잃고 말았다. 이성은 오히려 규격화된 통제와 생산과 소비의 체계 안에서 안주하고 이 체계의 효율성과 일관성을 보장하는 법칙을 통해서 현실 세계와 관계를 한다. 여기에는 재래의 참과 거짓은 문제되지 않는다. 다만 고도의 생산성에 이바지하는 도구성의 의미에서 참과 거짓이 있을 따름이다.[12] 자본주의 이성은 실제로 가치중립적이다. 이 가치중립성에 대한 합의는 어렵지 않게 이룰 수 있다. 고도의 생산성이 사람들이 원하는 물질적 풍요와 안정된 생활을 보장하기 때문에 기존 질서의 정당성은 효율성으로 확립되고 이 체제에 대한 불만과 저항은 오히려 질서에 반대되는 일탈로 간주될 따름이다.

물론 경제 불황으로 인한 욕구 불만은 있기 마련이다. 그러나 자본주의적 생산양식과 생활 방식에 대한 도전은 대중의 관심을 끌 만한 정도에 이르지 않는다. 마르쿠제는 일반적으로 알려진 '안정성' 명제로 자신의 입장을 설명한다. 서구 사회가 지금까지 한 번도 누리지 못했던 풍요가 사람들로 하여금 기존 체제에 대한 부정으로 몰고 갈 수 있는 욕구 좌절의 여지를 제거함으로써 그들을 현존 질서에 동화시켰다는 것이다. 마르쿠제의 『일차원적 인간』[13]의 명쾌한 논지는 이것을 중심으로 펼쳐진다. 그가 『에

기술적 합리성과 세계의 운명

로스와 문명』에서 이미 보여주었지만, 업적주의 원칙으로 사회가 전면적으로 관리될 때 그 통치의 정당성은 피지배자들의 소비욕의 충족으로 성립된다. 마르크스주의자들이 혁명의 대행자로 섬겼던 노동자들은 풍요로운 삶에 안주하여 그들의 행복 의식은 '계급투쟁'의 의미를 감지하지 못한다. 더욱이 마르쿠제가 이처럼 1960년대의 자본주의 사회를 진단했던 내용이 지금에 와서도 그 타당성을 잃지 않을 만큼 노동자 계급은 체제의 안정성 기반으로 편입되어 있다.

이와 같은 역사적 전개는 마르쿠제의 해명에 따르면 '기술 지배'의 필연적 귀결이다. 인간주의자들의 거듭되는 비판에도 불구하고 과학과 기술을 이데올로기로 삼는 이른바 과학주의의 주장을 꺾기가 그리 쉬운 것만은 아니다. 20세기 중엽의 과학과 기술의 혁명은 생산력의 엄청난 발전과 사회적 제 관계의 조직화를 초래했으며, 기술 지배라는 새로운 통제 형태를 낳았던 것이다.

과학과 기술 혁명은 다른 한편으로 정치적, 사회·경제적, 문화적 그리고 환경 문제들을 야기했다. 그것은 지역이나 국가경제를 국제경제로 바꾸었으며 정치적, 사회적 제도를 변형시켰고 자연 파괴라는 재앙을 불러일으켰다. 그런데 이러한 변화가 안고 있는 문제들의 해결이 과학과 기술의 진보에 의존하지 않으면 안 되는 실정이며, 문제는 그 진보가 과연 이루어지는가다. 파괴된 생태계의 회복은 보다 발달된 과학과 기술을 요구한다. 과학주의가 자부하는 것처럼 과학과 기술이 만병통치약일 수 있을까가 문제다.

마르쿠제는 과학과 기술을 배격하지 않는다. 그는 다른 비판이론가들과 함께 과학혁명이 인간의 삶을 자유롭고 품위 있게 해주었다는 역사적 사실을 인정한다. 그러나 그가 강조하는 것은 과학주의가 내세우는 것처럼 인간의 삶에서 생기는 실천적 문제들까지 과학과 기술이 전적으로 풀어준다는 믿음은 위험하다는 점이다. 마르쿠제는 가치판단을 허용하지 않는 과학주의가 과학과 기술이 궁극적으로 인간의 자유로운 자아실현의 수단임을 간과한다는 사실에 공격을 가한다. 과학은 개인의 가치가 무엇인지를 밝히지 않으며, 그리고 그것을 밝힐 수 있는 인식론적 절차를 제시하지 못한다는 것이다. 과학은 실증적 사유를 최고 이상으로 여긴다. 관찰되고 측정될 수 없는 것은 처음부터 인식 대상이 되지 않기 때문에 개인의 존엄성이나 자율성은 과학적 탐구의 영역 밖에 속하는 것들이 된다.

과학이 인간에 대해서 정확하게 알고 있는 것은, 그가 다른 동물처럼 감각적이고 많은 본능과 욕구를 가지고 태어났으며 이것들이 충족되어야만 한다는 생물학적 사실과, 그의 태도와 행동은 이 본능과 욕구의 조절로 규제될 수 있다는 심리학적 사실이다.

인간이 진실 된 삶을 찾는다는 명제는 과학적으로 설명될 수 없으며, 그가 자율적 삶을 원한다는 것도 경험적으로 입증될 수 있는 것은 결코 아니다. 그리고 인간이 남에게 양도할 수 없는 특정의 권리를 향유한다는 명제도 과학적 검증의 대상이 될 수 없다는 것이다. 그러나 인간이 본능과 욕구를 가지고 있으며, 이것들은 끊임없이 충족되어야 한다는 것은 자명한 진리라는 것이다.

기존 질서에 대한 크고 작은 불만은 어떤 형태로든지 있기 마련이다. 그리고 현존 체제의 효율성을 증대시키기 위한 성원들 간의 비판적 자기반성은 당연하다. 그러나 조직체로부터의 이탈은 정상의 궤도로부터의 이탈이다. 이러한 이탈은 극히 드물다. 현대 자본주의가 창출한 삶의 체계로부터의 탈출은 상상될 수는 있지만, 대안이 없는 상황에서 그 실천은 흔히 있는 것은 아니다. 개인이 기존 질서 안에서 적응하는 것이 오히려 합리적이며, 이것을 사람들은 이성적이라고 한다. 비판적 힘으로서의 이성이 기성 체제에 동조하는 것이 이성적으로 된다.[14]

과학주의의 신조에 따르면 진리 가치는 그 도구성에 달렸다고 한다. 진리 가치는 경험에 의해서 검증되고 자기 보존과 생활의 안정을 바라는 모든 개인들의 사유와 행동의 방향을 가르쳐주어야 한다. 진리는 사유가 주어진 외적 기준에 종속된다는 것을 가리킨다. 마르쿠제는 이 진리를 '기술적 진리'라고 일컫는다.[15] 기술적이라는 뜻은 첫째로 진리가 목적 그 자체라기보다는 편의의 도구이고 둘째로 진리가 기술적 조작의 패턴을 따른다는 것이다. 기술적 진리는 외적 기준에 따름으로써 인간의 존엄성과 개인의 권리를 중요하게 여기는 사회가 내세우는 고귀한 가치들과 상충한다. 17세기 이래 서구 부르주아 사회가 발전시킨 자율성의 이념은 오랜 역사를 통해서 자명한 진리로 여겨지게 되었지만, 이것은 기술적 진리와는 모순된다.[16]

기술적 진리는 외부로부터 정해진 기준을 따르기에 타율적이다. 자율성은 합리적 작업 수행에 오히려 장애가 될 뿐이다. 과학과 기술의 사용은 도구성에 의해 참과 거짓이 가려지는 만큼, 기술적 진리는 고도의 생산성을 유지해야만 존속할 수 있는 사회 성원들의 사유와 행동의 방향을 제시해야 한다. 부르주아 사회의 자유경쟁을 통해 성장해온 개인주의가 자명한 진리로 여기는 자율성의 원리로부터 '비판적 이성'이 발달했다. 그러나 자본주의 사회에서 규격화된 통제와 생산 그리고 소비 체제에서 자율성의 원리는 그 타당성을 잃기 마련이다. '모든 인간은 자유롭고 평등하며, 남에게 양도할 수 없는 권리를 가지고 태어났다'는 명제는 과학적 경험과 기술적 생산이라는 효율성 앞에서 무의미한 것으로 전락한다. 주체로서의 개인은 과학적으로 인정되지 않는다는 것이다.

기술적 합리성과 세계의 운명

이른바 테일러주의의 과학적 경영은 정밀과학과 생산의 통합을 기반으로 한다. 그것은 추측을 정확한 지식으로 대체하고 노사 양측에 적용되는 자연 법칙을 찾음으로써 기술적으로 완벽한 경영 구조를 확립하려고 한다. 다른 한편으로 학문의 영역에서는 기술적 진리가 방법론적으로 우세하다. 합리성 개념이 '계산상 맞음'의 뜻을 지닌다고 할 때, 관찰될 수 있는 것들에 국한시켜 이것들을 연구 대상으로 삼아야만 객관적 사실에 대한 판단이 내려지고 이것은 참이 아니면 거짓이란 판명을 받게 된다. 정치학은 정치철학이 아니라 경험으로 모이는 근거로 시민들의 투표 성향을 분석하고 그들의 정치의식을 읽어나간다. 그리고 그렇게 함으로써 내일의 정치를 예견하기도 한다. 1960년대 구미 학계에서 '정치행태론'을 학문으로 삼은 정치학자들의 연구 절차가 일반적으로 이렇다는 것은 널리 알려져 있다.

정치행태론은 실증적이기를 요구한다. 철학이 검증할 수 없는 명제들만 나열하기 때문에 정치의 도덕성을 주장하는 정치철학은 정치학 교과목에서 제외되어야 한다는 생각이 1960년대나 지금이나 같은 강도로 피력되고 있는 것만 보아도, 마르쿠제가 자본주의 문명에 대해서 그의 동료 비판 이론가들과 함께 제기했던 문제의식은 여전히 의의를 지닌다고 하겠다. 정치학과 사회학을 비롯하여 사회과학의 목표는 자연과학의 그것과 다를 바가 없다는 학문관은 앞에서 언급된 과학주의다. 학문은 규범적 사유로부터 자유로워야 하고 또한 그렇게 함으로써 객관성과 합리성의 기준에 맞추어 이론 형성이 가능하다는 학문 이념은 지금도 대부분의 사회과학자들 사이에서 변함이 없다.

마르쿠제의 실증주의 비판은 사회과학자들이 기술적 진리에만 집착한 데 있다. 조작할 수 있는 관찰에만 한정시켜 사회 현실을 기술하고 예측하는 방법과 절차는 인간 세계를 제대로 설명할 수 없다는 것이 그의 지론이다. 자본주의 말고는 다른 대안이 없다는 생각은 현실을 부정할 유토피아의 타당성을 받아들이지 않는 일차원적 사유이다. 후기 자본주의는 안정성의 여건을 갖추었다는 데서 역사적으로 존재했던 어느 사회체제보다도 경험적으로 입증되어 있기 때문에 사회과학은 사회 현실에 대한 가치판단을 불필요하게 했다고 말할 수 있을 것이다.

생산과 소비의 원만한 순환으로 생활의 안녕이 보장된다고 할 때 사회과학자들은 기존 체제의 안정을 지속시키는 일에 기능적이면 된다고 생각한다. 사회과학의 방법은 자본주의 기존 구조의 존속에 기여하는 것을 연구 목표로 삼으면 된다는 것이다.

사회과학자는 기술적 이성의 논리에 일치해서 연구를 진행한다. 안정된 자본주의 체제라는 문제는 기술의 문제이고 그 해답도 기술적인 것이다: 근세 이후의 학문관은 과학을 모델로 해서

기술적 합리성과 세계의 운명

정립되어왔기에 산업 발전과 자연과학의 발달은 이런 학문관의 입지를 확고하게 만들었고 자본주의의 번영과 함께 자연과학은 다른 학문들의 방법론적 성격을 규정지었으며, 사회과학에서의 참 지식은 기술적 합리성에 의해서만 얻어진다는 믿음은 절대적일 수밖에 없다. 기술적 이성이 용인할 수 없는 것은 존재하지 않는 것이나 다름없다. 그것은 절대적 없음이다.

역사가 이루어지는 데는 수많은 요인이 작용한다. 그렇지만 기술적 이성에 의해서 재구성될 수 없는 현실은 역사적 사실이 아니라 한다. 17세기 영국 사회에서 부르주아계급은 왕정에 대항해서 자신들의 권리를 쟁취했다. 그것은 계급투쟁이었다. 이 싸움은 여러 가지로 설명될 수 있으며, 흔히 고귀한 이념들이 투쟁의 동기가 되었다고 한다. 자유와 평등 그리고 남에게 양도할 수 없는 권리 등의 이념들이 인류 역사에서 갖는 의의는 대단하다. 그러나 그 고귀한 이념들이 기술적 합리성의 기준에 맞는지가 문제다. 왜냐하면 부르주아계급의 투쟁 역사를 해명하는 데는 과학적 설명이 필요하기 때문이다. 현대의 사회과학자들은 자연법사상으로 시민사회의 출현을 설명했던 철학과 로크보다는 자연과학의 모델로 정치 현상을 밝힌 홉스의 사회계약론을 치켜세운다. 인간의 자기 보존이라는 충동이 자유와 평등이라는 이념보다는 경험적으로 쉽게 관찰될 수 있다는 것이다.

오늘날 가장 널리 받아들여지고 있는 민주주의 개념의 정의는 사람들이 값지다고 원하는 것들을 가장 공정하게 배분하는 정치와 경제 형태라고 한다. 사람들이 원하는 것들이란 경험적으로 확정될 수 있는 물질적 가치들이고, 이것들의 획득은 그들의 안녕이며, 이것들을 효율적으로 공급해주는 체제가 정당성을 크게 가질 수 있다. 그렇지 못하면 사회불안이 일어난다. 그리고 정당과 이익집단 들은 정치과정에 참여함으로써 각기의 이해관계를 결집하고 명시해서 의사 결정에 반영한다. 그리고 주기적인 선거를 통해서 사람들이 원하는 가치들을 가장 효율적으로 배분할 수 있는 정당이나 지도자를 결정한다. 이것이 민주주의 정치과정이다. 정치학이 주로 다루는 대상은 이 과정이며 자본주의 사회에서 정치학자들 대부분이 이러한 민주주의 말고는 다른 바람직한 대안이 없다는 것을 전제로 한다.

이처럼 민주주의는 복지국가의 형태로서 보편성을 지니게 되었다. 마르쿠제에 따르면 이 모든 것의 가능성은 당연히 기술적 합리성 때문이다. 자유시장 이론가들은 복지국가론의 취약성을 성토하기도 하지만 후기 자본주의는 사적 자본과의 동업을 통한 국가 간섭을 결코 피할 수 없는 지경에 이르렀다. 국가는 기술 성장을 촉진해야 하고 시민들은 기술장치에 묶여 있을 수밖에 없다. 그래야만 고도 생산으로 복지국가가 유지될 수 있다. 이런 상황에서 개인들의 비판적 이성과 주체성은 쇠퇴하고 만다는 것은 인간 역사의 귀결일 것이다.

4 사회주의의 탈인격화

소비에트 공산권의 붕괴 원인에 대한 분석은 다양할 수 있다. 그러나 한 가지 분명한 것은 서구 자본주의의 발전 단계를 뒤따르기 위해 추진된 국가 주도의 성장 정책이 종국에 가서 인민의 상승하는 욕구 수준에 부합하는 고도 생산성을 성취할 수 없었다는 것이다. 이는 마르쿠제가 1958년에 이미 『소비에트 마르크스주의』[17]에서 명료하게 간파했던 것이기도 하다.

10월 혁명 이래 소비에트 지도자들은 실질적 평등의 실현을 위해 필요한 경제 발전을 우선 과제로 여겼으며, 이 목표 달성을 위해 모든 정신적, 물질적 자원을 조직적으로 동원했다. 소비에트 사회는 전면 관리되었다. 자본주의 세계와의 경쟁은 생산성의 효율적 제고와 내적 결속만으로 결판이 날 수 있다고 믿었던 소비에트 지도자들은 스탈린주의라는 권력 집중제의 통치 형태를 도입했다. 그리고 서구와의 경쟁은 기술 진보의 능력에서의 힘겨루기였다.

생산의 자동화와 낭비적, 파괴적, 기생적 일자리의 일소가 생산 과정의 합리화이며, 자유시간과 근로시간의 비율은 뒤바뀌어 생산에 필수적인 노동은 연장되는 반면에 여가는 단축되었다. 소비에트 체제는 서방 자본주의를 앞질러야 한다는 필요에 의해서 그 사회를 병영으로 바꿔버린 것이다.

마르쿠제는 자본주의와 사회주의 양대 체제가 근본적인 이론적 차이에도 불구하고 그 실천에서는 동화되는 방향으로 나간다는 사실을 지적한다.[18] 이 두 체제는 사적 기업과 자율성을 능가하는 권력 집중과 규제라는 산업 문명의 특징을 보인다는 것이다. 이 두 체제는 경제를 조직화하고 경제적, 정치적 관료 장치를 연합하며, 매스미디어와 교육을 통해 사람들의 의식을 조종한다는 것이다. 10월 혁명 이후 사유재산제는 폐지되고 생산수단이 국유화되어 형식적 평등은 실현되었으나 생산 운영이 국가 관료에 의해서 통제되는 한 직접생산자들은 생산의 주체가 되지 못했다. 인민은 생산의 이니셔티브를 취할 수 있는 위치에 없었다. 고도 생산을 위한 기술적 합리성은 부르주아 시대의 개인주의적 창의성을 용납할 여유가 없었다는 것이다.

근대성과 자아의식

소비에트 사회는 그 역사에서 계몽기, 자유주의 단계, 자유시장과 중산층 단계를 걸렀다는 사실로 인하여 사회주의로의 이행에 앞서서 밟아야 할 발전 단계를 거치지 못했다는 것은 레닌도 시인했다. 그는 10월 혁명 직후 이 결함을 메꾸기 위해서 '신경제정책'을 계획해서 잠시나마 소비에트 사회에 자본주의적 생산양식을 도입하려고 했지만 그의 사후에 이것은 폐지되었다. 마르크스도 사회주의 건설에 앞서 부르주아적 권리관은 필요한 조건이라고 했다. 그러나 소비에트 체제에서의 권력 집중화는 개인의 주체의식이 싹틀 수 있는 기회를 전혀 제공하지 아니했다.

서구의 근세는 자아의식과 함께 시작했다고 한다. 철학사에서 17세기 데카르트의 '사유하는 자아'는 부르주아적 자율성을 대표한다. 사회 발전은 개인들의 자율성에 달린 것으로 여겼다. 근세에 이르러 발달한 과학과 기술은 노동의 기계화와 합리화에 힘입어 생산력을 근본적으로 개선함으로써 개인들의 힘을 물질 생산의 영역을 넘어서 자기 잠재력의 자유로운 발휘를 위한 여가에 쏟아갔으나 20세기에 들어와서 이 동일한 노동의 기계화와 합리화가 개인의 자율성과 자발성보다는 생산 장치로의 적응을 강요하고 말았다.

마르쿠제를 비롯한 비판 이론가들은 이 역사적 전개 방향을 합리적 이성이 안고 있는 모순이라고 한다. 이 이성의 자기모순은 자본주의에서나 사회주의에서도 다름없이 나타났다는 것이다. 10월 혁명과 함께 생산력과 생산관계가 일치하고 이성의 자기모순이 지양되는 듯했지만 병영 사회주의로의 전이는 직접생산자들의 연합에 의한 생산관리를 실현시키지 못했다. 그리고 생산수단의 사회화도 달성되지 못했다. 소비에트 사회는 시민사회의 단계를 밟지 않고 제정 러시아의 전제정치에서 스탈린주의로 직행하면서 자율적 개인주의나 남에게 양도할 수 없는 권리이념을 기초로 하는 인간주의 윤리가 성립될 수 있는 여건이 마련되지 못했다. 따라서 생산수단의 국유화와 생산관리의 집중화는 개인의 자아의식의 형성을 억압했으며, 1990년대 초의 소비에트 체제의 종식에도 불구하고 러시아 사회는 민주주의로 나갈 수 있는 시민 문화의 토대를 마련할 수 없게 되었다. 이것은 너무나도 당연한 역사적 귀결이라고 말할 수 있다.

마르크스와 엥겔스가 창시한 마르크스주의는 계몽사상과 프랑스혁명, 그리고 독일 관념론의 계승이다. 그러나 10월 혁명은 마르크스주의의 이론과 실천에 현저한 괴리를 일으켰으며, 후자는 전자의 변질을 가져왔다. 이것이 바로 스탈린주의라는 이름으로 역사의 장을 꾸몄던 것이다. 마르쿠제가 일컫는 '소비에트 마르크스주의'가 곧 이것이다. 페레스트로이카와 글라스노스트 이후 러시아 마르크스주의 이론가들은 마르크스 사상에 스탈린주의적 요소가 들어 있다고 했으며, 러시아혁명과 사회주의의 건설 도정에서 마르크스주의가 변질했다기보다는 그의 사회 이론 안에서 어느 것을 택하느냐에 따라 마르크스주의는 인간주의가 되거나 스탈린주의가 된다는 것을 지적했다.

그렇지만 부인될 수 없는 확고한 사실은 베버도 예견했던 것처럼 자본주의뿐 아니라 사회주의에서도 합리화는 필연적이고 '예속의 집'은 불가피하다는 것이다. 마르크스와 그의 추종자들은 역사 전개가 그렇게 될 것이라는 것을 베버처럼 미리 보지 못했을 뿐이다. 엥겔스는 과학과 기술 진보가 자본주의적 산업 발전의 혁명적 기반임을 인정했으며 이것으로 인해 사회주의로의 역사 발전이 이루어질 것이라고 기대했던 것이다.[19] 마르크스의 『경제학 철학 수고』와 그가 엥겔스와 공저했던 『독일 이데올로기』[20], 그리고 『신성 가족』[21]은 인간주의 철학의 전통을 이었고, 이것이 마르크스 사상의 근간이라고 간주되지만, 소비에트 사회에서 구현된 마르크스주의는 과학주의의 이름 아래 인간주의적 요소가 그 이론과 실천에서 완전히 제거되어버렸던 것이다.

1980년대 후반에 와서 비로소 전통적 윤리학이라는 철학 과목에 대한 관심이 일부 철학자 사이에서 생겼는데 이것만 보아도 스탈린주의 시대에서 인간주의 교육이 얼마만큼 금기시되었는가를 짐작할 수 있을 것이다. 소비에트 윤리학은 윤리적 제 원

기술적 합리성과 세계의 운명

리를 과학적 객관성과 결합시킴으로써 개인들의 태도와 행위의 규범을 규정한다는 것이었다. 그것은 전통 윤리학에서 가르치는 도덕과 자유를 논하기도 한다. 그러나 이 개념들은 개인보다는 전체의 이익을 위한 개인들의 행동 규칙일 따름이다. 윤리적 인간은 체념과 억압 그리고 고통을 감수해야 한다. 인간주의 윤리학에서는 자유의 이념을 개인으로 하여금 자신의 운명에 대해 스스로 책임지도록 하는 경제적, 정치적 제도를 통해서 실현될 수 있다고 한다. 개인의 존재는 자신의 활동의 소산이다. 그러나 산업화의 진전은 이 인간주의적 의미의 자유를 합리화 과정을 통해서 위축시켰다.

마르크스와 마르크스주의자들은 공산주의 사회가 이룩되면 사람들이 능력에 따라 일하고 필요에 따라 공급을 받고 자유로운 여건에서 자아실현이 가능해진다고 믿었으나 소비에트 현실에서 자유는 달리 정의되지 않으면 안 되었다. 개인적 자유는 사회 전체에 희생되어야 했다. 자유의 기준은 자율적 개인으로부터 그를 통제하는 사회로 옮아간 셈이다. 전통적 자유는 직업의 편재, 이동의 통제, 검열 등에 굴복해야 한다. 이것은 '합법적 부자유'라고 일컬을 수 있는데, 소비에트 윤리학에서는 이를 진정한 자유라고 한다. 부르주아 사회가 이룩해놓은 자유는 소비에트 인민이 결핍으로부터의 자유를 누릴 수 있을 때 논할 수 있다는 것이다.

마르크스는 '필연성의 나라'에서 '자유의 나라'로 도달한다고 말함으로써 경제가 인간의 운명을 멈추는 세계로 역사가 나아갈 것이라고 예상했다. 그러나 70년 이상의 기나긴 '프롤레타리아 독재'는 소비에트 공산권이 붕괴된 1990년대에 와서 시민사회의 기반이 될 수 있는 개인들의 자율성과 자발성의 단초마저도 고갈시켜버린 것처럼 보인다. 소비에트 윤리의 도구적 성격은 개인의 주체성과 인간의 존엄성이라는 재래의 가치를 종교적, 초월주의적이라고 해서 거부했다. 후기 자본주의에서처럼 소비에트 마르크스주의는 '목적이 수단을 정당화한다'는 원리를 도덕의 기본 명제로 삼았던 것이다. 이 도구주의는 윤리적 절대주의에 이르렀으며, 과학과 기술 진보에 따라 더욱더 심화해갔다.

그러나 소비에트 체제의 효율성의 정도는 줄곧 하락해갔으며 그 정당성도 따라서 약해져갔고 이어서 소비에트 윤리는 그 보편성을 잃을 수밖에 없었다. 마침내 그 체제는 와해되고 말았던 것이다. 1960년대 초부터 경직된 소비에트 사회가 지탱되기 어렵다는 것을 깨달은 일부 지식인들은 도구주의적 사유를 부정하고 나섰지만 당 지도부의 완강한 저항으로 말미암아 그 세력은 표면화되기 어려웠고, 1980년대 후반에 와서 개혁의 물결을 타고 인간주의 운동이 다시 소생하기에 이르렀던 것이다.

기술적 합리성과 세계의 운명

5

경제의 근대화와
정치의 역근대화

마르쿠제는 1968년에 발표한 『해방론』에서 선진 자본주의 국가들이 경제적, 기술적 침투와 군사적 간섭을 통해서 제3세계의 많은 나라들을 의존국가로 전락시켰다고 한다.[22] 제1세계에서 일어나는 것들이 제3세계 국가들에 결코 예외적인 것은 아니다. 오늘날 지구촌이라는 이름 아래 제1세계, 제2세계, 제3세계라는 구획된 표현은 그 본래의 의미를 크게 잃은 것이 사실이다. 경제도 국가경제에서 국제경제로 되었고, 통신기술의 발달은 세계를 정보 전달의 1일권 안으로 끌어들였다. 더욱이 신흥 공업국가들의 국제무역으로의 진출은 종래의 동서 사회의 문화적 특수성을 넘어서는 움직임을 가속시켰다. 신흥 공업사회들은 소비에트 사회가 그랬던 것처럼 선진 공업사회가 이룩한 풍요와 생활의 안녕

근대성과 자아의식

을 얻기 위한 고도성장의 경제계획을 추진함으로써 그들 사회의 물질적, 정신적 자원을 합리적으로 동원했다.

마르쿠제는 『해방론』에서 참 변화의 가능성을 서구 자본주의 문명으로부터 오염되지 않은 제3세계 국가들에서 찾을 수 있을 것이라고 기대했지만, 여건은 점점 달라지고 있다. 종속적 정치 문화에 머물고 있는 이들 신흥 공업국가에서 민주적 정치과정이 조속히 정착될 수는 없을 것이며 오히려 권위주의적 통치가 경제 발전에 더 효율적이라는 개발 사상이 압도하고 있는 것이다. 소비에트 체제가 스탈린주의를 달성했던 것처럼 신흥 공업국가들의 지도자들도 자원의 합리적 조직화와 동원화로 목적 달성이 가능할 것이라고 믿는다.

민주적 정치 문화가 처음부터 존재하지 않았던 신생 사회에서의 경제 발전 계획은 생산력의 합리화를 우선한다. 여기서 야기되는 것은 경제구조의 근대화와 정치의 역근대화라는 모순 관계다. 소비에트 체제에서 경제계획은 권력 집중으로 진행되었다. 그리고 그 통치는 과학과 기술에 의해서였다. 직접생산자들은 의사 결정에의 참여 없이 고도성장이라는 목적 달성에 동원될 뿐이었다. 이렇게 되는 것이 기술적 합리성의 논리에 일치한다는 것이다. 신흥 공업국가들에서의 발전 계획도 이것과 크게 다를 바 없다.

기술적 합리성과 세계의 운명

이처럼 마르쿠제가 기대했던 제3세계는 더 이상 존재하지 않는 것 같다. 인간 해방의 역사적 사명을 수행할 수 있는 신생 사회는 없다고 봐야 할 것이다. 신흥 공업국가들에서의 '개발독재'는 기술 지배의 한 형태이다. 그것이 전통적 지배 형태인 권위주의와 결합하면 시민 문화의 육성은 절망일 수밖에 없다. 경제에서는 탈전통일지언정 정치 문화는 신민臣民에 그것으로 연속할 따름이다.

자아의식의 형성과 함께 근대성이 시작한다면 자율성과 자발성이 미숙한 신흥 사회에서의 개발독재는 이에 상응하는 문화의 유지로 그 정당성이 보장될 것이다. 이 사회의 성원은 선진 자본주의 문화를 이상으로 여기고 그 생활양식에서 쾌락을 누리고자 한다. 자아의식이 결여된 사람들은 사치품의 소유에서 자신감을 얻고 또 그렇게 함으로써 행복한 삶을 영위한다고 믿는다. 이들의 소유욕은 나날이 증대해가며, 자본주의 경제학은 이것을 정당화한다. 모든 경제행위는 탐욕을 그 동기로 한다는 원리가 신흥 공업국가들이 그들의 전통적 삶의 양식을 팽개치고 물신 숭배의 문화를 선택하는 정당성의 근거가 된다. 소유하는 상품의 가치가 개인의 가치가 되며 많이 가질수록 그는 위대해진다. 이들 사회에서는 베버가 서구 자본주의 발달을 분석한 결과와 전적으로 다른 동기에서 시장경제가 운영된다. 근면과 금욕이란 생활관이 아니라 처음부터 탐욕과 향락의 감각주의가 경제행위의 동기가 되고, 사람들은 가장 값진 것을 차지하기 위해 경쟁에 뛰어든다. 권위주의 풍토 속의 경쟁에서는 공정성의 규칙은 무의미하다. 오로지 승자에게만 체면이 선다. 기업은 재벌이어야 하고 국가권력은 그것을 보호해야 한다. 그래서 정치권력과 경제력의 유착이 생긴다.

냉전의 종식은 신생 사회들 안의 이데올로기적 갈등을 잠재웠다. 급진 세력의 논리가 약화된 것이다. 반면에 경제성장론자들의 입지는 강화되었다. 중국은 사회주의를 표방하면서도 시장경제를 도입했다. 마르쿠제가 한때 높이 평가했던 쿠바의 혁명은 거의 실패로 판정되고 있다. 이제 서울과 베이징, 그리고 방콕과 싱가포르의 거리에는 뉴욕과 파리의 최신 의상을 입은 멋쟁이들로 가득하다. 이곳 회사들의 여비서와 여사무원 들은 진정한 자아실현을 허용하는 물질적 자원을 얻기 위해 직장에 나가기보다는 남에게 잘 보이기 위해 값진 물건을 사들이는 데 소요되는 돈을 벌기 위해서 일자리를 찾는다. 그들은 소비를 위해 일한다. 그들에게 노동은 자아실현의 한 형태가 아니다.

이들에게는 자아의식이 처음부터 없었다. 자본주의 전통에서 신성시되어온 소유욕은 그들의 체면 의식과 친화성을 갖는다. 체면 유지는 소유의 크기에 달렸다. 개인의 삶에서 내적인 것은 중요하지 않다. 남이 나를 어떻게 여기는가가 그의 관심이 된다. 이것은 자본주의 시장의 상품의 가치 평가와 같다. 알맹이가 아니라 포장으로 남의 시선을 끌어야 한다. 남이 눈으로 볼 수 있는 물건들의 소유가 곧 평가 대상이 되기 때문에 이것들의 취득이 삶의 전부가 되는 것이다.

머지않아 신흥 공업국가들 대부분은 높은 생활수준에 도달할 것이다. 이들 국가 사이뿐 아니라 그들과 선진 공업국가들 간에는 치열한 경쟁이 예상된다. 세계의 양극화는 끝났지만, 다극화는 이제 시작된 셈이다. 지구촌 경제에서 상품과 기술은 한 국가에 한정되어 제조되거나 개발되는 것이 아니고 기업도 다국적화되었지만, 분명 모든 나라는 그들의 국경 안 자국민의 안녕을 최우선으로 한다. 아무리 지구촌으로 부르짖어도 개별 국가의 국민은 세계시민이 될 수 없다. 국가 이익은 언제나 따로 남기 마련이다. 경제적 민족주의는 사라지지 않는다는 것이다. 모든 경쟁국들은 자국민의 생산 능력을 꾸준히 향상시키고, 생산기술의 개발에 전력을 쏟아야 경쟁에서 살아남을 수 있다. 마르크스와 엥겔스가 「공산당 선언」에서 외쳤던 것과는 달리 만국의 노동자들은 단결하지 않으며 다만 자신들이 속하는 국민들의 복지를 위해 충성을 다할 따름이다. 애국심과 경제적 민족주의는 이렇게 해서 결합한다.[23]

국민의 안녕은 국가경제의 성공에 달려 있다. 그리고 이 성공은 생산력의 발달에 달렸다. 그리고 이것은 국가의 합리적 조직 능력에 달려 있다. 개인적 자유와 개인들 간의 평등 이념이 내면화되어 있지 않는 사회에서 생산 과정의 조직화는 봉건주의의 연장일 뿐이다. 국민들은 신민에서 시민으로 바뀌지 않는다는 것이다. 일상생활에서 최신의 이기를 향유한다고 하더라도 그들의 의식은 전통 문화에서 벗어나 있지 않다.

이렇다면 현대 문명에 변화는 어떻게 일어날 수 있을까? 마르쿠제는 『일차원적 인간』에서 기존 질서를 부정할 수 있는 세력으로 선진 공업사회의 밑바닥에 있는 국외자들과 인종과 피부색으로 차별대우를 받는 계층에서 근본적 변혁의 대행자 집단을 찾았으나 그때는 1960년대였으며 오늘의 이들은 기존 질서에 편입되기를 바라고 있을 뿐이다. 한편으로 『해방론』에서 마르쿠제가 기대했던 쿠바도 앞에서 언급된 바와 같이 사회주의의 실패를 경험하는 가운데 있다.

소비에트 연방의 해체 이후 러시아 지식인들은 역사가 정통 마르크스주의자들의 주장처럼 법칙적으로 움직이는 것이 아니라 인간들의 활동을 통해서 만들어지고, 마음만 있다면 새롭게 얻은 자유와 민주주의 이념으로 시민사회의 건설이 가능할 것이라고 주장한다. 그러나 러시아가 시민사회의 기틀을 마련할 수 있을지는 의문이다. 개혁을 밀고 나간다는 세력의 의식은 지난 70년 동안의 관리사회에서 형성된 것이기 때문에 이들이 변혁의 주체가 될 수 있으리라고 기대하기는 어렵다.

한국 사회에서는 변화의 전망이 있었다. 마르쿠제가 『해방론』에서 천명한 것은 젊은 학생들이 변화의 촉매제가 된다는 것이었다. 우리 사회에서 학생들의 변혁운동은 지난 세기 민주주의 실현을 향해 그 깊이와 폭에서 활발했다. 그러나 냉전의 종식과 함께 운동의 급진성은 둔해지고 그 이데올로기의 호소력은 약화되었으며, 실제에 있어서 결속력을 상실할 정도로 무력해진 것이다. 사회주의권의 패배가 마치 자본주의의 궁극적 승리로 받아들여지는 상황이 열린 것이다. 지금의 젊은이들은 이전 세대들과는 달리 물질적 안정을 최상의 가치로 여긴다. 그들은 고도생산성이라는 지구촌의 목표 달성에 동참하기를 원한다. 그들은 물신 숭배로 마음의 행복을 누리겠다는 것이다.

후기 자본주의 문화는 하이데거가 가르치는 '본래적 존재'로의 결의를 내릴 수 있는 정신적 조건을 창출하지 못한다는 것이다. 고도생산성의 논리는 자유나 자율 그리고 자발성 등의 이념들을 설명하지 못한다. 그것은 인간의 자기반성의 의미를 밝히지 못한다. 그렇지만 어느 시대고 그리고 어느 곳이든 변화를 부르짖는 세력은 나오기 마련이다. 왜냐하면 인간의 의식은 그가

속하는 사회구조로부터 분리되려는 경향을 갖기 때문이다. 이것
이 마르쿠제의 믿음이기도 하다.

기술적 합리성과 세계의 운명

1   G. Lukács, *Geschichte und Klassenbewusstsein*(Berlin: Malik, 1923).

2   H. Marcuse, *Beitrage zu einer Phaenomenologie des Historischen Materialismus*, Gesammelte Schriften Bd. I(Frankfurt: Suhrkamp, 1978).

3   M. Heidegger, *Sein und Zeit*(1927)(Frankfurt: Klostermann, 1977).

4   K. Marx, *Oekonomisch-philosophische Manuskripte*(1844), Marx-Engels Werke(NEW), E.B.1(Berlin, 1981).

5   Marcuse, *Neue Quellen zur Grundlegung des Historischen Materialismus*, Gesammelte Schriften Bd. I(Frankfurt: Suhrkamp, 1978).

6   Marcuse, *Ueber die philosophischen Grundlagen des wirtschafts-wissenschaftlichen Arbeitsbegriffs*, Gesammelte Schriften, Bd. I.

7   Marcuse, *Ueber die philosophischen Grundlagen* , p.562.

8   Marcuse, *Ueber die philosophischen Grundlagen* , p.562.

9   Marcuse, *Eros and Civilization*(New York: Vintage Books, 1961).

10 Sigmund Freud, *Civilization and its Discontents*(London: Hogarth, 1947).

11 Marcuse, *Eros and Civilization*, p.41.

12 Marcuse, "Some Social Implications of Modern Technology," A. Arato and E. Gebhardt, ed., *The Essential Frankfurt School Reader*(New York: Bloomsbury Academic, 1978), p.14.

13 Marcuse, *One-Dimensional Man*(London: Routledge & Kegan Paul, 1964).

14 Marcuse, "Some Social Implications of Modern Technology," p.145.

15 Marcuse, "Some Social Implications of Modern Technology," p.147.

16 Marcuse, "Some Social Implications of Modern Technology," p.147.

17 Marcuse, *Soviet Marxism*(New York: Columbia University Press, 1958).

18 Marcuse, *Soviet Marxism*, p.66.

19 F. Engels, *Anti-Dühring*, NEW, Bd.20(1978), p.274.

20 Marx, *Die deutsche Ideologie*.

21 Marx, *Die heilige Families*.

22 Marcuse, *An Essay on Liberation*(Boston: Beacon, 1969).

23 R. B. Reich, *The Works of Nations*(New York: Knopf, 1993), p.33.

찾아보기

247

차인석은 서울대 철학과 및 미국 아델파이 대학, 뉴스쿨 정치사회과학 대학원에서 수학한 뒤 독일 하이델베르크 대학을 거쳐 프라이부르크 대학에서 현상학에서의 대상 개념을 주제로 박사학위를 받았다. 현상학과 해석학 전통의 프라이부르크 대학 재학 시절에 하이데거가 오이겐 핑크와 함께 그의 생애 마지막으로 주관한 헤라클레이토스 세미나(1966/67)에 참여했다. 유네스코 한국위원회 사무총장, 유네스코 산하 국제철학인문학협의회(CIPSH)의 회장 등을 역임했다. 현재 서울대 명예교수이자 유네스코 석좌교수로 국제적으로 다양한 학술 활동에 전념하고 있다.

지은 책으로 『현대사상을 찾아서』(1976), 『현대정치와 철학』(1978), 『사회인식론』(1987), 『사회의 철학』(1992), 『우리 집의 세계화』(2015), *The Mundialization of Home in the Age of Globalization: Towards a Transcultural Ethics*(Lit, 2012), *Essai sur la Mondialisation de notre Demeure*(Harmattan, 2013), *Der Gegenstandsbegriff in der Phaenomenologie Edmund Husserls*(Lit, 2014) 등이 있다.

대우휴먼사이언스 010

근대성과 자아의식
전환기 사회와 철학

1판 1쇄 찍음 | 2016년 6월 27일
1판 1쇄 펴냄 | 2016년 7월 4일

지은이 | 차인석
펴낸이 | 김정호
펴낸곳 | 아카넷

출판등록 | 2000년 1월 24일(제406-2000-000012호)
주소 | 413-210 경기도 파주시 회동길 445-3
전화 | 031-955-9511(편집)·031-955-9514(주문)   팩시밀리 | 031-955-9519
www.acanet.co.kr | www.phildam.net

ISBN 978-89-5733-499-7 94100
ISBN 978-89-5733-452-2 (세트)

이 도서의 국립중앙도서관 출판예정도서목록(CIP)은 서지정보유통지원시스템 홈페이지(http://seoji.nl.go.kr)와 국가자료공동목록시스템(http://www.nl.go.kr/kolisnet)에서 이용하실 수 있습니다.(CIP제어번호:CIP2016015514)

이 제작물은 아모레퍼시픽의 아리따글꼴을 사용하여 디자인 되었습니다.